# 찐초보

# 일본어
# 첫걸음

일본어교재연구원 엮음

누구나 쉽고 빠르게 진짜 기초부터
시작하는 최고의 기본서

도서
출판 **YEGA**

# 이 책의 특징 미리 알아보기

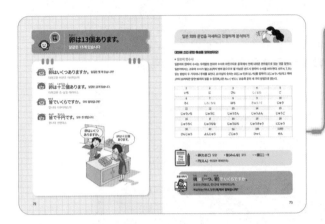

초보자가 기초부터 차근차근 익혀 나갈 수 있도록 어법에 맞춰 회화를 구성하였고 새로 나온 단어와 본문에 사용된 문법은 간략하면서도 알기 쉽게 풀이하였습니다.

각 STEP의 어법에 맞춰 문형을 익힐 수 있도록 따로 코너를 수록하여 종합적으로 문형을 반복 연습할 수 있도록 하였습니다.

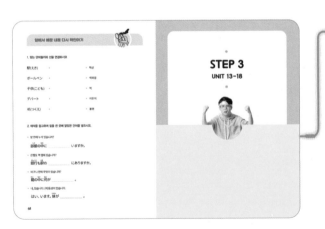

앞에서 배운 내용을 다시 한번 확인할 수 있도록 연습문제를 수록하였습니다. 부족한 부분은 다시 반복하여 확실하게 익히는 연습을 많이하시기 바랍니다.

## CONTENTS

이 책의 특징 미리 알아보기 및 일본어 문자 익히기

5

## STEP 14

## STEP 15

# 일본어 문자 익히기

# 히라가나 익히기

무조건 외우기

|  | あ단 | い단 | う단 | え단 | お단 |
|---|---|---|---|---|---|
| あ행 | あ<br>아 [a] | い<br>이 [i] | う<br>우 [u] | え<br>에 [e] | お<br>오 [o] |
| か행 | か<br>카 [ka] | き<br>키 [ki] | く<br>쿠 [ku] | け<br>케 [ke] | こ<br>코 [ko] |
| さ행 | さ<br>사 [sa] | し<br>시 [si] | す<br>스 [su] | せ<br>세 [se] | そ<br>소 [so] |
| た행 | た<br>타 [ta] | ち<br>치 [chi] | つ<br>츠 [tsu] | て<br>테 [te] | と<br>토 [to] |
| な행 | な<br>나 [na] | に<br>니 [ni] | ぬ<br>누 [nu] | ね<br>네 [ne] | の<br>노 [no] |
| は행 | は<br>하 [ha] | ひ<br>히 [hi] | ふ<br>후 [hu] | へ<br>헤 [he] | ほ<br>호 [ho] |
| ま행 | ま<br>마 [ma] | み<br>미 [mi] | む<br>무 [mu] | め<br>메 [me] | も<br>모 [mo] |
| や행 | や<br>야 [ya] |  | ゆ<br>유 [yu] |  | よ<br>요 [yo] |
| ら행 | ら<br>라 [ra] | り<br>리 [ri] | る<br>루 [ru] | れ<br>레 [re] | ろ<br>로 [ro] |
| わ행 | わ<br>와 [wa] |  |  |  | を<br>오 [o] |
|  | ん<br>응 [n, m, ng] |  |  |  |  |

## あ行

あ行은 우리말의 **아·이·우·에·오**와 발음이 같다. 단 う는 **우**와 **으**의 중간 음으로 입술을 내밀지도 당기지도 않는 자연스런 상태에서 발음한다.

| あ<br>아 (a) | あ | あ | あ | あ<br>あ | **あね** 아네 누나 |
|---|---|---|---|---|---|
| **い**<br>이 (i) | い<br>い | い<br>い | い<br>い | | **いか** 이카 오징어 |
| **う**<br>우 (u) | う<br>う | う<br>う | う<br>う | | **うさぎ** 우사기 토끼 |
| **え**<br>에 (e) | え<br>え | え<br>え | え<br>え | | **えいご** 에이고 영어 |
| **お**<br>오 (o) | お<br>お | お<br>お | お<br>お | | <br>**おに** 오니 귀신 |

11

# か行

**か行**은 입천장에서 나오는 강한 **카·키·쿠·케·코**와 발음이 같다.

| か<br>카 (ka) | か | か | か | <br>**かお** 카오 얼굴 |
|---|---|---|---|---|
| き<br>키 (ki) | き | き | き | <br>**きく** 키쿠 국화 |
| く<br>쿠 (ku) | く | く | く | <br>**くすり** 쿠스리 약 |
| け<br>케 (ke) | け | け | け | <br>**けいさつ** 케-사츠 경찰 |
| こ<br>코 (ko) | こ | こ | こ | <br>**こうちゃ** 코-짜 홍차 |

# さ行

さ行은 우리말의 사·시·스·세·소와 발음이 같다. 단 す는 수와 스의 중간 음으로 입술을 내밀지도 당기지도 않는 자연스런 상태에서 발음한다.

| さ 사 (sa) | さ | さ | さ |  さいきん 사이킹 세균 |
| し 시 (si) | し | し | し |  しお 시오 소금 |
| す 스 (su) | す | す | す |  すし 스시 초밥 |
| せ 세 (se) | せ | せ | せ |  せかい 세카이 세계 |
| そ 소 (so) | そ | そ | そ |  そうじ 소-지 청소 |

13

## た行

た行은 우리말의 **타·치·츠·테·토**로 발음한다. **ち·つ**는 **찌·쯔**와 **치·츠**의 중간음으로 **치·츠**에 가깝게 발음한다.

| | | | | |
|---|---|---|---|---|
| **た**<br>타 (ta) | た | た | た | <br>**たいいく** 타이-꾸 **체육** |
| | た | た | た | |
| **ち**<br>치 (chi) | ち | ち | ち | <br>**ちち** 치치 **아버지** |
| | ち | ち | ち | |
| **つ**<br>츠 (tsu) | つ | つ | つ | <br>**つくえ** 츠쿠에 **책상** |
| | つ | つ | つ | |
| **て**<br>테 (te) | て | て | て | <br>**て** 테 **손** |
| | て | て | て | |
| **と**<br>토 (to) | と | と | と | **とうだい** 토-다이 **등대** |
| | と | と | と | |

## な行

**な行**은 우리말의 나·니·누·네·노와 발음이 같다. 단 ぬ는 **누**와 느의 중간 음으로 입술을 내밀지도 당기지도 않는 자연스런 상태에서 발음한다.

| な | な | な | な | |
|---|---|---|---|---|
| 나 (na) | な | な | な |  |

なつ 나츠 여름

| に | に | に | に | |
|---|---|---|---|---|
| 니 (ni) | に | に | に |  |

にじ 니지 무지개

| ぬ | ぬ | ぬ | ぬ | |
|---|---|---|---|---|
| 누 (nu) | ぬ | ぬ | ぬ |  |

ぬの 누노 천,옷감

| ね | ね | ね | ね | |
|---|---|---|---|---|
| 네 (ne) | ね | ね | ね |  |

ねこ 네코 고양이

| の | の | の | の | |
|---|---|---|---|---|
| 노 (no) | の | の | の |  |

のう 노- 뇌

## は行

は行은 우리말의 **하·히·후·헤·호**와 발음이 같다. 단 **ふ**는 **후**와 **흐**의 중간
음으로 입술을 너무 둥글리자 말고 약간 평평한 상태에서 발음한다.

| | | | | |
|---|---|---|---|---|
| **は**<br>하 (ha) | は は | は は | は は | <br>**はこ** 하코 상자 |
| **ひ**<br>히 (hi) | ひ<br>ひ | ひ<br>ひ | ひ<br>ひ | <br>**ひと** 히토 사람 |
| **ふ**<br>후 (hu) | ふ<br>ふ | ふ<br>ふ | ふ<br>ふ | <br>**ふた** 후타 뚜껑 |
| **へ**<br>헤 (he) | へ<br>へ | へ<br>へ | へ<br>へ | <br>**へび** 헤비 뱀 |
| **ほ**<br>호 (ho) | ほ<br>ほ | ほ<br>ほ | ほ<br>ほ | <br>**ほん** 홍 책 |

16

## ま行

ま行은 우리말의 **마·미·무·메·모**와 발음이 같다. 단 **む**는 **무**와 **므**의 중간 음으로 생각하면서 발음한다.

| ま<br>마 (ma) | ま ま ま<br>ま ま ま | **まき** 마키 장작 |
|---|---|---|

| み<br>미 (mi) | み み み<br>み み み | **みそ** 미소 된장 |
|---|---|---|

| む<br>무 (mu) | む む む<br>む む む | <br>**むし** 무시 벌레 |
|---|---|---|

| め<br>메 (me) | め め め<br>め め め | <br>**めかた** 메까따 무게 |
|---|---|---|

| も<br>모 (mo) | も も も<br>も も も | <br>**もち** 모치 떡 |
|---|---|---|

# や行

や行은 우리말의 **야·유·요**와 발음이 같고 반모음으로 쓰인다.

| や<br>야 (ya) | や や や<br>や や や | <br>や 야 화살 |
|---|---|---|
| ゆ<br>유 (yu) | ゆ ゆ ゆ<br>ゆ ゆ ゆ | <br>**ゆうびん** 유-빙 우편 |
| よ<br>요 (yo) | よ よ よ<br>よ よ よ | <br>**ようじ** 요-지 어린이 |

## ら行

**ら行**은 우리말의 **라·리·루·레·로**와 발음이 같다. **る**와 **ろ**는 헷갈리기 쉬우니 주의하도록 하자.

| | | | | |
|---|---|---|---|---|
| **ら**<br>라 (ra) | ら<br>ら | ら<br>ら | ら<br>ら |   <br>**らく** 라쿠 즐거움 |
| **り**<br>리 (ri) | り<br>り | り<br>り | り<br>り | <br>**りょうり** 료-리 음식 |
| **る**<br>루 (ru) | る<br>る | る<br>る | る<br>る | <br>**るいじ** 루이지 닮음 |
| **れ**<br>레 (re) | れ<br>れ | れ<br>れ | れ<br>れ | <br>**れいか** 레-까 영하 |
| **ろ**<br>로 (ro) | ろ<br>ろ | ろ<br>ろ | ろ<br>ろ | <br>**ろく** 로쿠 여섯 |

19

## わ行

わ行은 우리말의 **와·오**와 발음이 같다. 단 を는 あ행의 **お**와 발음이 같아 단어에 쓰이지 않고 조사 ~을, 를의 뜻으로만 쓰인다. ん은 하네루음(はねる音)을 참조할 것

| わ<br>와 (wa) | わ わ わ<br>わ わ わ | <br>わく 와꾸 테두리 |

| を<br>오 (o) | を を を<br>を を を | をし 오시 귀엽다 |

| ん<br>응 (n, m, mg) | ん ん ん<br>ん ん ん | じっけん 직껭 실험 |

# 무조건 외우기 가타카나 익히기

| | ア단 | イ단 | ウ단 | エ단 | オ단 |
|---|---|---|---|---|---|
| **ア행** | ア<br>아 [a] | イ<br>이 [i] | ウ<br>우 [u] | エ<br>에 [e] | オ<br>오 [o] |
| **カ행** | カ<br>카 [ka] | キ<br>키 [ki] | ク<br>쿠 [ku] | ケ<br>케 [ke] | コ<br>코 [ko] |
| **サ행** | サ<br>사 [sa] | シ<br>시 [si] | ス<br>스 [su] | セ<br>세 [se] | ソ<br>소 [so] |
| **タ행** | タ<br>타 [ta] | チ<br>치 [chi] | ツ<br>츠 [tsu] | テ<br>테 [te] | ト<br>토 [to] |
| **ナ행** | ナ<br>나 [na] | ニ<br>니 [ni] | ヌ<br>누 [nu] | ネ<br>네 [ne] | ノ<br>노 [no] |
| **ハ행** | ハ<br>하 [ha] | ヒ<br>히 [hi] | フ<br>후 [hu] | ヘ<br>헤 [he] | ホ<br>호 [ho] |
| **マ행** | マ<br>마 [ma] | ミ<br>미 [mi] | ム<br>무 [mu] | メ<br>메 [me] | モ<br>모 [mo] |
| **ヤ행** | ヤ<br>야 [ya] | | ユ<br>유 [yu] | | ヨ<br>요 [yo] |
| **ラ행** | ラ<br>라 [ra] | リ<br>리 [ri] | ル<br>루 [ru] | レ<br>레 [re] | ロ<br>로 [ro] |
| **ワ행** | ワ<br>와 [wa] | | | | ヲ<br>오 [o] |
| | ン<br>응 [n, m, ng] | | | | |

⊙ 가타카나(カタカナ)는 옆에 표기된 한자의 획, 또는 일부를 이용하여 만든 글자로 주로 외래어를 표기할 때 쓴다.

## ア行

ア行은 우리말의 **아·이·우·에·오**와 발음이 비슷하며, **ウ**는 **우**와 **의**의 중간발음과 같다.

| ア | ア | ア | ア |  |
|---|---|---|---|---|
| 아 (a) | ア | ア | ア | **アイス** 아이스 얼음 |

| イ | イ | イ | イ |  |
|---|---|---|---|---|
| 이 (i) | イ | イ | イ | **インク** 잉크 잉크 |

| ウ | ウ | ウ | ウ |  |
|---|---|---|---|---|
| 우 (u) | ウ | ウ | ウ | **ウーマン** 우-만 여자 |

| エ | エ | エ | エ |  |
|---|---|---|---|---|
| 에 (e) | エ | エ | エ | **エプロン** 에뿌롱 앞치마 |

| オ | オ | オ | オ |  |
|---|---|---|---|---|
| 오 (o) | オ | オ | オ | **オイル** 오이루 오일 |

# カ行

カ行은 우리말의 ㄱ·ㅋ의 중간음, 말 중간이나 끝에서는 ㄲ 발음과 같다.

| カ | カ | カ | カ | カナラ 카메라 **카메라** |
|---|---|---|---|---|
| 카 (ka) | カ | カ | カ | |

| キ | キ | キ | キ | キー 키- **키** |
|---|---|---|---|---|
| 키 (ki) | キ | キ | キ | |

| ク | ク | ク | ク | クラス 쿠라스 **클래스** |
|---|---|---|---|---|
| 쿠 (ku) | ク | ク | ク | |

| ケ | ケ | ケ | ケ | ケーキ 케-키 **케잌** |
|---|---|---|---|---|
| 케 (ke) | ケ | ケ | ケ | |

| コ | コ | コ | コ | コート 코-토 **코트** |
|---|---|---|---|---|
| 코 (ko) | コ | コ | コ | |

# サ行

**サ行**은 우리말의 사·시·스·세·소와 발음이 비슷하다.

| | | | | |
|---|---|---|---|---|
| **サ**<br>사 (sa) | サ<br>サ | サ<br>サ | サ<br>サ | <br>**サイレン** 사이렌 **사이렌** |
| **シ**<br>시 (si) | シ<br>シ | シ<br>シ | シ<br>シ | <br>**シャツ** 샤츠 **셔츠** |
| **ス**<br>스 (su) | ス<br>ス | ス<br>ス | ス<br>ス | <br>**スープ** 스-뿌 **스프** |
| **セ**<br>세 (se) | セ<br>セ | セ<br>セ | セ<br>セ | <br>**セーター** 세-따- **스웨터** |
| **ソ**<br>소 (so) | ソ<br>ソ | ソ<br>ソ | ソ<br>ソ | <br>**ソース** 소-스 **소스** |

## タ行

タ行은 우리말의 **ㄷ·ㅌ**의 중간발음이나 끝에서는 **타·치·츠·테·토**에 가까운 발음이다.

| タ 타 (ta) | タ | タ | タ | タイム 타이무 타임 |
|---|---|---|---|---|
| | タ | タ | タ | |

| チ 치 (chi) | チ | チ | チ | チーズ 치-즈 치즈 |
|---|---|---|---|---|
| | チ | チ | チ | |

| ツ 츠 (tsu) | ツ | ツ | ツ | ツリー 트리- 나무 |
|---|---|---|---|---|
| | ツ | ツ | ツ | |

| テ 테 (te) | テ | テ | テ | テープ 테-뿌 테이프 |
|---|---|---|---|---|
| | テ | テ | テ | |

| ト 토 (to) | ト | ト | ト |  トマト 토마토 토마토 |
|---|---|---|---|---|
| | ト | ト | ト | |

# ナ行

ナ行은 우리말 나·니·누·네·노에 가까운 발음이다.

| | | | | |
|---|---|---|---|---|
| ナ<br>나 (na) | ナ<br>ナ | ナ<br>ナ | ナ<br>ナ | <br>**ナイフ** 나이후 **나이프** |
| 二<br>니 (ni) | 二<br>二 | 二<br>二 | 二<br>二 | <br>**ニュース** 뉴-스 **뉴스** |
| ヌ<br>누 (nu) | ヌ<br>ヌ | ヌ<br>ヌ | ヌ<br>ヌ | <br>**カヌー** 카누- **카누** |
| ネ<br>네 (ne) | ネ<br>ネ | ネ<br>ネ | ネ<br>ネ | <br>**ネクタイ** 네쿠타이 **넥타이** |
| ノ<br>노 (no) | ノ<br>ノ | ノ<br>ノ | ノ<br>ノ | <br>**ノート** 노-토 **노트** |

# ハ行

ハ行은 우리말의 ㅎ과 같으며 フ는 흐와 후의 중간발음에 가깝다.

| ハ 하 (ha) | ハ ハ ハ ハ ハ ハ | ハート 하-또 심장 |
| ヒ 히 (hi) | ヒ ヒ ヒ ヒ ヒ ヒ | ヒーロー 히-로- 히어로 |
| フ 후 (hu) | フ フ フ フ フ フ | フィルム 휘루무 필름 |
| ヘ 헤 (he) | ヘ ヘ ヘ ヘ ヘ ヘ | ヘア 헤아 헤어 |
| ホ 호 (ho) | ホ ホ ホ ホ ホ ホ | ホース 호-스 호스 |

# マ行

マ行은 우리말의 **마·미·무·메·모**와 발음이 같다.

| マ | マ | マ | マ |  |
|---|---|---|---|---|
| **マ**<br>마 (ma) | マ | マ | マ | **マイク** 마이쿠 마이크 |

| ミ | ミ | ミ | ミ |  |
|---|---|---|---|---|
| **ミ**<br>미 (mi) | ミ | ミ | ミ | **ミックス** 믹꾸스 믹스 |

| ム | ム | ム | ム |  |
|---|---|---|---|---|
| **ム**<br>무 (mu) | ム | ム | ム | **ムード** 무-도 분위기 |

| メ | メ | メ | メ |  |
|---|---|---|---|---|
| **メ**<br>메 (me) | メ | メ | メ | **メモ** 메모 메모 |

| モ | モ | モ | モ |  |
|---|---|---|---|---|
| **モ**<br>모 (mo) | モ | モ | モ | **モニター** 모니타- 모니터 |

# ヤ行

ヤ行은 우리말의 야·유·요와 발음이 같다.

| ヤ 야 (ya) | ヤ ヤ | ヤ ヤ | ヤ ヤ | **ヤング** 영그 젊음 |
| ユ 유 (yu) | ユ ユ | ユ ユ | ユ ユ | **ユーモア** 유-모아 유머 |
| ヨ 요 (yo) | ヨ ヨ | ヨ ヨ | ヨ ヨ | **ヨーガ** 요-가 요가 |

## ラ行

ラ行은 우리말의 라·리·루·레·로와 발음이 같다. ル는 루와 르의 중간 발음이다.

| ラ 라 (ra) | ラ | ラ | ラ | <br><br>**ラジオ** 라지오 라디오 |
|---|---|---|---|---|
| | ラ | ラ | ラ | |

| リ 리 (ri) | リ | リ | リ | <br><br>**リボン** 리봉 리본 |
|---|---|---|---|---|
| | リ | リ | リ | |

| ル 루 (ru) | ル | ル | ル | <br><br>**ルージュ** 루-쥬 립스틱 |
|---|---|---|---|---|
| | ル | ル | ル | |

| レ 레 (re) | レ | レ | レ | <br><br>**レター** 레타- 편지 |
|---|---|---|---|---|
| | レ | レ | レ | |

| ロ 로 (ro) | □ | □ | □ | <br><br>**ロボット** 로봇토 로봇 |
|---|---|---|---|---|
| | □ | □ | □ | |

# ワ行

ワ行은 우리말의 와와 발음이 같다.

| **ワ** 와 (wa) | ワ ワ | ワ ワ | ワ ワ | <br>**ワイン** 와잉 와인 |
| --- | --- | --- | --- | --- |
| **ヲ** 오 (o) | ヲ ヲ | ヲ ヲ | ヲ ヲ | |
| **ン** 응 (n, m, ng) | ン ン | ン ン | ン ン | **ウインク** 윙꾸 윙크 |

## 탁음 · 반탁음

● 탁음

| | | | | |
|---|---|---|---|---|
| が ガ 가(ga) | ぎ ギ 기(gi) | ぐ グ 구(gu) | げ ゲ 게(ge) | ご ゴ 고(go) |
| ざ ザ 자(za) | じ ジ 지(ji) | ず ズ 즈(zu) | ぜ ゼ 제(ze) | ぞ ゾ 조(zo) |
| だ ダ 다(da) | ぢ ヂ 지(ji) | づ ヅ 즈(zu) | で デ 데(de) | ど ド 도(do) |
| ば バ 바(ba) | び ビ 비(bi) | ぶ ブ 부(bu) | べ ベ 베(be) | ぼ ボ 보(bo) |

탁음이란 か·さ·た·は(カ·サ·タ·ハ)행의 글자 오른쪽 윗 부분에 탁점 (ﾞ)을 붙인 음을 말한다. だ행의 ぢ·づ는 ざ행의 じ·ず와 발음이 동일하여 현대어에는 특별한 경우, 즉 연탁이 되는 경우 이외는 별로 쓰이지 않는다.

● 반탁음

| | | | | |
|---|---|---|---|---|
| ぱ パ 파(pa) | ぴ ピ 피(pi) | ぷ プ 푸(pu) | ぺ ペ 페(pe) | ぽ ポ 포(po) |

반탁음은 は행의 오른쪽 윗부분에 반탁음 (ﾟ)을 붙인 음을 말한다. 반탁음은 우리말의 ㅍ과 ㅃ의 중간음으로 단어의 첫머리에 올 경우에는 ㅍ에 가깝게 발음하고, 단어의 중간이나 끝에 올 때는 ㅃ에 가깝게 발음한다.

## 요음

요음이란 い단 글자 중 자음 き・し・ち・に・ひ・み・り・ぎ・じ・び・ぴ에 작은글자 ゃ・ゅ・ょ를 붙인 음을 말한다. 따라서 や・ゆ・よ는 우리말 ㅑ・ㅠ・ㅛ와 같은 역할을 한다.

| | | |
|---|---|---|
| きゃ キャ<br>kya / 캬(꺄) | きゅ キュ<br>kyu / 큐(뀨) | きょ キョ<br>kyo / 쿄(꾜) |
| しゃ シャ<br>sha(sya) / 샤 | しゅ シュ<br>shu(syu) / 슈 | しょ ショ<br>sho(syo) / 쇼 |
| ちゃ チャ<br>cha(tya) / 챠(쨔) | ちゅ チュ<br>chu(tyu) / 츄(쮸) | ちょ チョ<br>cho(tyo) / 쵸(쬬) |
| にゃ ニャ<br>nay / 냐 | にゅ ニュ<br>nyu / 뉴 | にょ ニョ<br>nyo / 뇨 |
| ひゃ ヒャ<br>hya / 햐 | ひゅ ヒュ<br>hyu / 휴 | ひょ ヒョ<br>hyo / 효 |
| みゃ ミャ<br>mya / 먀 | みゅ ミュ<br>myu / 뮤 | みょ ミョ<br>myo / 묘 |
| りゃ リャ<br>rya / 랴 | りゅ リュ<br>ryu / 류 | りょ リョ<br>ryo / 료 |
| ぎゃ ギャ<br>gya / 갸 | ぎゅ ギュ<br>gyu / 규 | ぎょ ギョ<br>gyo / 교 |
| じゃ ジャ<br>ja(zya) / 쟈(자) | じゅ ジュ<br>ju(zyu) / 쥬(주) | じょ ジョ<br>jo(zyo) / 죠(조) |
| びゃ ビャ<br>bya / 뱌 | びゅ ビュ<br>byu / 뷰 | びょ ビョ<br>byo / 뵤 |
| ぴゃ ピャ<br>Pya / 퍄(뺘) | ぴゅ ピュ<br>Pyu / 퓨(쀼) | ぴょ ピョ<br>Pyo / 표(뾰) |

## 촉음

촉음이란 막힌 소리의 하나로 우리말의 받침과 같은 역할을 하는 것을 말한다. つ를 작은 글자 っ로 표기하여 다른 글자 밑에서 받침으로만 쓰인다. 이 촉음은 하나의 음절을 갖고 있으며, 뒤에 오는 글자의 영향에 따라 ㄱ·ㅅ·ㄷ·ㅂ으로 발음한다.

### ① ㄱ/k로 발음하는 경우

か행의 글자 앞에는 ㄱ으로 발음한다.

> 예　**クッキング** 쿡킹쿠　**요리** / **日記** <sup>にっき</sup> 닉키　**일기**

### ② ㅅ/s로 발음하는 경우

さ행의 글자 앞에는 ㅅ으로 발음한다.

> 예　**クッション** 쿳숀　**쿠션** / **メッセージ** 멧세지　**메세지**

### ③ ㄷ/t로 발음하는 경우

た행의 글자 앞에는 ㄷ으로 발음한다.

> 예　**切手** <sup>きって</sup> 킷테　**우표** / **夫** <sup>おっと</sup> 옷토　**남편**

### ④ ㅂ/p으로 발음하는 경우

ぱ행의 글자 앞에는 ㅂ으로 발음한다.

> 예　**アップル** 압뿌루　**사과** / **いっぱい** 입빠이　**가득**

## 장음

장음이란 같은 모음이 중복될 때 앞의 모음을 길게 발음하는 것을 말한다. 우리말에서는 장음의 구별이 어렵지만 일본어에서는 이것을 구분하여 쓴다. 음의 장단에 따라 그 의미가 달라지는 경우가 있으므로 주의해야 한다. 또 カタカナ에서는 장음부호를 ㅡ로 표기한다. 이 책의 우리말 장음 표기에서도 편의상 ㅡ로 처리하였다.

① あ단 글자 다음에 모음 あ가 이어질 때

> 예 **お祖母さん** 오바ㅡ상 할머니 / **お母さん** 오카ㅡ상 어머니

② い단 글자 다음에 모음 い가 이어질 때

> 예 **お兄さん** 오니ㅡ상 형님 / **黄色い** 키ㅡ로이 노랗다

③ う단 글자 다음에 모음 う가 이어질 때

> 예 **風車** 후ㅡ샤 풍차 / **夫婦** 후ㅡ후 부부

④ え단 글자 다음에 모음 え나 い가 이어질 때

> 예 **お姉さん** 오네ㅡ상 누님 / **経済** 케ㅡ자이 경제

⑤ お단 글자 다음에 모음 お나 う가 이어질 때

> 예 **氷** 코ㅡ리 얼음 / **お父さん** 오토ㅡ상 아버지

## 하네루음

하네루음인 ん은 단어의 첫머리에 올 수 없으며, 항상 다른 글자 뒤에 쓰여 우리말의 받침과 같은 구실을 한다. 또한 ん 다음에 오는 글자의 영향에 따라 ㄴ・ㅁ・ㅇ으로 소리가 난다(이것은 발음의 편의를 위한 자연스러운 변화이므로 특별히 신경쓰지 않아도 된다).

### ① ㄴ/n으로 발음하는 경우

さ・ざ・た・だ・な・ら행의 글자 앞에는 ㄴ으로 발음한다.

> 예 面接 멘세츠 **면접** / 団体 단타이 **단체**

### ② ㅁ/m으로 발음하는 경우

ば・ぱ・ま행의 글자 앞에는 ㅁ으로 발음한다.

> 예 蜻蛉 돔보 **잠자리** / 散歩 삼뽀 **산책**

### ③ ㅇ/ng으로 발음하는 경우

あ・か・が・や・わ행의 글자 앞에는 ㅇ으로 발음한다. 또한 단어의 끝에도 ㅇ으로 발음한다.

> 예 禁煙 킹엥 **금연** / 電話 뎅와 **전화**

# STEP 1

## UNIT 01-06

 これは本です。 이것은 책입니다.
코레와 혼데스

 あれは机です。 저것은 책상입니다.
아레와 츠쿠에데스

## 일본 회화 문법을 자세하고 친절하게 분석하기

### 대화에 쓰인 문법 해설을 알아보아요!

● ~は

は는 우리말의 ~은, 는에 해당하는 조사로 일반 단어에 쓰일 때의 발음은 ha(하)이지만 조사로 쓰일 때는 wa(와)로 발음한다.

● ~です

です는 우리말의 ~입니다에 해당하는 말로 체언 및 그에 준하는 말에 접속하여 정중한 단정을 나타낸다.

● 지시대명사

| 근칭 | 중칭 | 원칭 | 부정칭 |
|---|---|---|---|
| これ | それ | あれ | どれ |
| 이것 | 그것 | 저것 | 어느것 |

### 일본에서는 이런 표기법을 써요!

일본어 표기에서 우리말 표기와 크게 다른 점은 마침표( . ), 느낌표(!), 물음표(?)를 사용하지 않고 (。)를 쓴다는 점이다. 쉼표는 가로쓰기의 경우는 ( , )로 표기하고 세로쓰기는 (、)를 쓴다.

핵심 단어

- これ 이것
- ~です ~입니다
- ~は 은, 는
- あれ 저것
- 本(ほん) 책
- 机(つくえ) 책상

표현 더하기

これは(机、椅子)です。
코레와 (츠쿠에, 이스) 데스
이것은 (책상, 의자)입니다.

# これは何ですか。
## 이것은 무엇입니까?

 **これは何ですか。** 이것은 무엇입니까?

코레와 난데스까

 **それは鉛筆です。** 그것은 연필입니다.

소레와 엠삐츠데스

## 일본 회화 문법을 자세하고 친절하게 분석하기

### 대화에 쓰인 문법 해설을 알아보아요!

● ですか

です에 의문이나 질문을 나타낼 때 쓰이는 조사 か가 접속된 형태로 우리말의 ~입니까로 해석한다. 우리말 표기에서는 의문이나 질문을 나타낼 때 물음표를 붙이지만, 일본어 표기에서는 ?를 붙이지 않고 마침표(。)를 사용한다.

● 何(なん)ですか

何은 우리말의 무엇이라는 뜻을 가진 의문사 なに(무엇)로 읽으나, です 앞에서는 모음 i의 탈락으로 なん으로 음이 변하여 なんですか(무엇입니까)가 된다.

### 일본에서는 이런 표기법을 써요!

일본어는 영어나 우리말처럼 띄어쓰기를 하지 않고 붙여 쓴다. 그러나 예외적으로 초등학교의 교재나, 외국인을 대상으로 하는 일본어 교재는 어법 구성의 이해를 높이기 위해 의도적으로 띄어쓰기를 한다.

핵심
단어

• 何(なん) 무엇　　• 鉛筆(えんぴつ) 연필　　• ~ですか ~입니까

표현 더하기

これは (何、ノート、本) ですか。

코레와 (난, 노-토, 혼)데스까?

이것은 (무엇, 노트, 책)입니까?

# UNIT 03 これは時計ではありません。
## 이것은 시계가 아닙니다

 **それは時計ですか。** 그것은 시계입니까?

소레와 토케이데스까

 **いいえ、これは時計ではありません。電卓です。**

이-에, 코레와 토케이데와 아리마셍. 덴타쿠데스

아니오. 이것은 시계가 아닙니다. 전자계산기입니다.

# 일본 회화 문법을 자세하고 친절하게 분석하기

## 대화에 쓰인 문법 해설을 알아보아요!

● ~では はありません

~では はありません은 정중한 단정을 나타내는 です의 부정형으로 우리말의 ~이(가) 아닙니다에 해당한다. 또한 회화체에서는 では를 じゃ로 줄여서 じゃ ありません으로 쓰기도 한다.

● いいえ

질문에 대한 부정을 할 때 쓰이는 감탄사로 우리말의 아니오에 해당한다. '네, 예'에 해당하는 긍정의 대답은 はい 이다.

## 일본에서는 이런 표기법을 써요!

가타카나는 외래어를 표기할 때 쓰이는 일본어 문자의 하나이다. 그러나 그 표기가 일본식 발음에 의한 것이어서 우리에게 통하지 않는 것이 많으므로 그때그때 암기해 두어야 한다.

핵심 단어

- **時計(とけい)** 시계
- **いいえ** 아니오(부정)
- **~では ありません** ~이(가) 아닙니다
- **電卓(でんたく)** 전자계산기

표현 더하기

## これは (ナイフ、チーズ)では ありません。

코레와 (나이후, 치-즈)데와 아리마셍

이것은 (칼, 치즈)이 / 가 아닙니다.

# それは何の本ですか。
## 그것은 무슨 책입니까?

 **それは何の本ですか。** 그것은 무슨 책입니까?

소레와 난노 혼데스까

 **これは日本語のテキストです。** 이것은 일본어 교재입니다.

코레와 니홍고노 테키스토데스

## 일본 회화 문법을 자세하고 친절하게 분석하기

### 대화에 쓰인 문법 해설을 알아보아요!

**● ~の**

우리말의 ~의에 해당하는 조사로, 명사 + の + 명사의 형태로 뒤의 명사가 어떤 것인가를 나타낸다. 즉, の는 ❶ 소유나 소속을 나타내는 용법과, ❷ 앞의 명사가 뒤의 명사의 성질이나 상태를 나타내는 역할을 한다. 또, 우리말의 경우는 명사와 명사 사이의 조사 ~의가 내(나의)연필 처럼 생략되는 경우가 많지만 일본어에서는 거의 생략하지 않는다.

예 私の鉛筆です。 내(나의) 연필입니다.

　　日本語の本です。 일본어(의) 책입니다.

### 일본에서는 이런 표기법을 써요!

**● 何(なん)の**

何은 の앞에서 모음 i의 탈락으로 なん이 된다. 何の는 명사 앞에 오면 그 명사의 내용을 묻게 된다. 우리말의 무슨에 해당될 때가 많다.

핵심
단어

• 何(なん)の 무슨　　• 日本語(にほんご) 일본어
• テキスト 텍스트, 교과서

표현 더하기

それは(何、誰、あなた)の 本ですか。
소레와 (난, 다레, 아나타)노 혼데스까?
그것은 (무슨, 누구, 당신)의 책입니까?

# UNIT 05

## この帽子はあなたのですか。
### 이 모자는 당신 것입니까?

 この帽子はあなたのですか。 이 모자는 당신 것입니까?

코노 보-시와 아나타노데스까

 はい、その帽子は私のです。 네, 그 모자는 제 것입니다.

하이, 소노 보-시와 와타시노데스

## 일본 회화 문법을 자세하고 친절하게 분석하기

### 대화에 쓰인 문법 해설을 알아보아요!

● ~の

조사 の는 앞서 배운 명사와 명사 사이에서 관계를 나타낼 뿐만 아니라, 명사나 대명사에 접속하여 ~のもの ~의 것의 뜻으로 소유를 나타내는 준체용법으로도 쓰인다. 이때 の는 ~의 것으로 해석한다.

● 연체사

연체사는 단독으로 쓰이지 않고 반드시 체언(명사 · 대명사) 앞에서 그 체언을 지적해 줄 때 쓰인다.

| 근칭 | 중칭 | 원칭 | 부정칭 |
|---|---|---|---|
| この<br>이 | その<br>그 | あの<br>저 | どの<br>어느 |

### 일본에서는 이런 표기법을 써요!

● わたし · あなた

わたし는 우리말의 나보다 쓰이는 범위가 넓어서 손윗사람에게도 쓴다. あなた는 우리말의 당신과 마찬가지로 흔히 손아랫사람에게 쓰며, 부부 사이의 호칭으로도 쓰인다.

핵심 단어

- この 이
- その 그
- はい 네(긍정 대답)
- あなた 당신
- 帽子(ぼうし) 모자
- 私(わたし) 나, 저

표현 더하기

# この(帽子、餅、傘)は 私のです。

코노 (보-시, 모찌, 카사) 와 와타시노데스

이 (모자, 떡, 우산)는 / 은 내 것입니다.

# UNIT 06

## これも私ので、あれも私のです。
### 이것도 내 것이고, 저것도 내 것입니다

 これもあれもホンさんの本ですか。

코레모 아레모 홍상노 혼데스까

이것도 저것도 홍씨 책입니까?

 はい、この本も私ので、あの本も私のです。

하이, 코노 홍모 와타시노데, 아노 홍모 와타시노데스

네, 이 책도 내 것이고, 저 책도 내 것입니다.

## 일본 회화 문법을 자세하고 친절하게 분석하기

**대화에 쓰인 문법 해설을 알아보아요!**

● ~も

같은 종류.중에서 하나를, 또는 같은 것을 몇 가지 열거할 때 쓰이는 조사로 우리말의 ~도에 해당한다.

● ~で

단정을 나타내는 です의 중지형으로, 두 개의 문장을 하나로 연결시켜 주는 역할을 한다. 즉 で는 성질이 다른 앞뒤 문장을 나열해 주는 역할을 하기도 하고, 앞의 문장이 뒤의 문장의 원인, 또는 설명이 될 때가 있다. 우리말의 ~이고, 이며, 인데 등으로 해석된다.

● 인칭대명사 표기

| 1인칭 | 2인칭 | 3인칭 | 부정칭 |
|---|---|---|---|
| 私(わたし)<br>저, 나 | あなた<br>당신 | 彼(かれ)<br>그, 그 사람 | 誰(だれ)<br>누구 |
| 僕(ぼく)<br>나 | 君(きみ)<br>너, 자네 | 彼女(かのじょ)<br>그녀 | 何方(どなた)<br>어느 분 |

핵심
단어

● ~も ~도　　● さん 씨, 양, 님　　● ~で ~이고, 이며

표현 더하기

これは(本、ノート)で、あれは 鉛筆です。

코레와 (혼, 노-또)데, 아레와 엠삐츠데스

이것은 (책, 노트)이고, 저것은 연필입니다.

49

### ● ~は ~です ~은 / 는 ~입니다 　　문형연습 ❶

これは本(ほん)です。

이것은 책입니다.

それは新聞(しんぶん)です。

그것은 신문입니다.

あれは鉛筆(えんぴつ)です。

저것은 연필입니다.

### ● ~は ~ですか ~은 / 는 ~입니까 　　문형연습 ❷

これは何(なん)ですか。

이것은 무엇입니까?

それは時計(とけい)ですか。

그것은 시계입니까?

あれは机(つくえ)ですか。

저것은 책상입니까?

### ● ~は ~では ありません ~은 / 는 ~이 / 가 아닙니다 　　문형연습 ❸

これは電話(でんわ)ではありません。

이것은 전화가 아닙니다.

それは椅子(いす)ではありません。

그것은 의자가 아닙니다.

あれは自転車(じてんしゃ)ではありません。

저것은 자전거가 아닙니다.

● **~は ~の ~ですか**　~은 / 는 ~의 ~입니까　　　　　　　　　　문형연습 ❹

これはあなたのノートですか。

이것은 당신의 노트입니까?

それは金(キム)さんの財布(さいふ)ですか。

그것은 김씨의 지갑입니까?

あれは誰(だれ)の帽子(ぼうし)ですか。

저것은 누구의 모자입니까?


● **~は ~のです**　~ 은 / 는 ~것입니다　　　　　　　　　　문형연습 ❺

この手帳(てちょう)は私(わたし)のです。

이 수첩은 내 것입니다.

その傘(かさ)は先生(せんせい)のです。

그 우산은 선생님 것입니다.

あのネクタイはホンさんのです。

저 넥타이는 홍씨 것입니다.


● **~は ~で、~は ~です**　~은 ~이고 / ~은 ~입니다　　　　　　문형연습 ❻

これはライターで、あれはマッチです。

이것은 라이터이고, 저것은 성냥입니다.

それは私(わたし)の物(もの)で、あれは先生(せんせい)の物(もの)です。

그것은 내 것이고, 저것은 선생님 것입니다.

あれはキムチで、これはたくあんです。

저것은 김치이고, 이것은 단무지입니다.

## 앞에서 배운 내용 다시 확인하기

1. 다음 단어를 일본어는 한글로, 한글은 일본어로 바꾸어 보세요.

- あなた         _____
- 일본어         _____

- 本(ほん)         _____
- 교과서         _____

- 時計(とけい)         _____
- ~입니까         _____

- 鉛筆(えんぴつ)     _____
- 무엇         _____

2. 본문을 참고하여 일본어 문장을 완성해 보세요.

- 그것은 노트입니까?

_____

- 저것은 시계가 아닙니다.

_____

- 이것은 일본어 교재입니다.

_____

- 이 우산은 당신 것입니까?

_____

- 이것은 책이고 저것은 떡입니다.

_____

# STEP 2

## UNIT 07-12

# あなたの本はどこにありますか。
## 당신의 책은 어디에 있습니까?

 あなたの本はどこにありますか。 당신 책은 어디에 있습니까?

아나타노 홍와 도코니 아리마스까

私の本は机の上にあります。 내 책은 책상 위에 있습니다.

와타시노 홍와 츠쿠에노 우에니 아리마스

## 일본 회화 문법을 자세하고 친절하게 분석하기

### 대화에 쓰인 문법 해설을 알아보아요!

● ~あります

일본어는 사물이나 식물 등의 동작성이 없는 무생물의 존재를 나타내는 경우와, 사람이나 동물 등 동작성이 있는 생물의 존재를 나타낼 때의 표현이 다르다. 여기서 あります는 동작성이 없는 무생물의 존재를 나타내는 말로 우리말의 있습니다에 해당한다.

● ~に

우리말의 ~에에 해당하는 조사로, 어떤 사물이 존재하는 장소를 나타낸다. 따라서 사물의 존재를 나타내는 조사 に 뒤에는 존재를 나타내는 말이 온다.

### 일본에서는 이런 표기법을 써요!

● 장소를 나타내는 지시대명사

| 근칭 | 중칭 | 원칭 | 부정칭 |
|---|---|---|---|
| ここ 여기 | そこ 거기 | あそこ 저기 | どこ 어디 |

핵심 단어

- どこに 어디에
- 机(つくえ) 책상
- 上(うえ) 위
- あります 있습니다

표현 더하기

みかんは (机の上、椅子の下)に あります。

미깡와 (츠쿠에노 우에, 이스노 시타)니 아리마스

귤은 (책상 위, 의자 밑)에 있습니다.

55

# UNIT 08 | 駅の側にはありません。

えき そば

## 역 옆에는 없습니다

 デパートは駅の側にありますか。 백화점은 역 옆에 있습니까?

えき そば

데빠토와 에키노 소바니 아리마스까

 はい、デパートは駅の側にあります。 네, 백화점은 역 옆에 있습니다.

えき そば

하이, 데빠토와 에키노 소바니 아리마스

 銀行も駅の側にありますか。 은행도 역 옆에 있습니까?

ぎんこう えき そば

깅코-모 에키노 소바니 아리마스까

 いいえ、銀行は駅の側にはありません。

ぎんこう えき そば

이-에, 깅코-와 에키노 소바니와 아리마셍

아니오, 은행은 역 옆에는 없습니다.

## 일본 회화 문법을 자세하고 친절하게 분석하기

### 대화에 쓰인 문법 해설을 알아보아요!

● ありません

사물 또는 식물, 즉 동작성이 없는 무생물의 존재를 나타내는 あります의 부정형으로 우리말의 없습니다에 해당한다.

● ~には

존재하는 장소를 나타내는 조사 に에 조사 は가 결합된 형태로 우리말의 ~에는에 해당한다.

### 일본에서는 이런 표기법을 써요!

● 위치를 나타내는 명사

| 위 | 아래 | 앞 | 뒤 |
|---|---|---|---|
| 上(うえ) | 下(した) | 前(まえ) | 後(うし)ろ |
| 옆 | 오른쪽 | 왼쪽 | 안/속 |
| 側(そば) | 右(みぎ) | 左(ひだり) | 中(なか) |

핵심
단어

• デパート 백화점    • 銀行(ぎんこう) 은행    • 側(そば) 옆
• ありません 없습니다    • 駅(えき) 역    • ~には ~에는

표현 더하기

銀行(ぎんこう)は (ここ、あそこ)には ありません。

깅코-와 (코코, 아소코)니와 아리마셍

은행은 (여기, 저기)에는 없습니다.

# 部屋の中に誰がいますか。
### 방 안에 누가 있습니까?

 部屋の中に誰かいますか。 방 안에 누가 있습니까?

헤야노 나카니 다레가 이마스까

 部屋の中には弟がいます。 방 안에는 (남)동생이 있습니다.

헤야노 나카니와 오토-토가 이마스

## 일본 회화 문법을 자세하고 친절하게 분석하기

### 대화에 쓰인 문법 해설을 알아보아요!

● **います**

앞서 배운 あります와 같은 뜻이지만, 동작성이 있는 사람이나 동물 등, 생물의 존재를 나타낼 때 쓰인다. 우리말에는 존재를 나타내는 말이 하나밖에 없지만, 일본어에는 두 가지 표현이 있으므로 유의해야 한다.

● **~が**

체언에 접속하여 주격을 나타내는 조사로 우리말의 ~이, 가에 해당한다. 또한 가는 인물이나 사물의 존재하는 사실을 나타낼 때는 어디에 무엇(누구)이(가) 있다의 형태를 취한다.

### 일본에서는 이런 표기법을 써요!

● 3인칭 대명사

| 이 | 그 | 저 | 어느 |
|---|---|---|---|
| この | その | あの | どの |
| 이 사람 | 그 사람 | 저 사람 | 어느 사람(누구) |
| このひと | そのひと | あのひと | どのひと / だれ |
| 이 분 | 그 분 | 저 분 | 어느 분 |
| このかた | そのかた | あのかた | どのかた / どなた |

핵심
단어

- **部屋(へや)** 방 　 ● **~が** ~이, 가 　 ● **中(なか)** 안, 속
- **弟(おとうと)** (남)동생 　 ● **誰(だれ)** 누구 　 ● **います** 있습니다

표현 더하기

# 部屋の 中に(子供、はは)が います。
헤야노 나카니 (코도모, 하하)가 이마스
방 안에 (어린이, 어머니)가 있습니다.

# UNIT 10 金さんの隣にはいません。
### 김 씨 옆에는 없습니다

## 女の子は金さんの隣にいますか。
온나노코와 키무상노 토나리니 이마스까

여자아이는 김 씨 옆에 있습니까?

## いいえ、女の子は金さんの隣にはいません。
이-에, 온나노코와 키무상노 토나리니와 이마셍

## 女の子は男の子の隣にいます。
온나노코와 오토코노 코노 토나리니 이마스

아니오, 여자아이는 김 씨 옆에는 없습니다. 여자아이는 남자 아이 옆에 있습니다.

# 일본 회화 문법을 자세하고 친절하게 분석하기

## 대화에 쓰인 문법 해설을 알아보아요!

● いません

동작성이 있는 사람이나 동물의 존재를 나타낼 때 쓰이는 います의 부정형으로 우리말의 없습니다에 해당한다.

|  | 긍정형 | 부정형 |
|---|---|---|
| 무생물의 존재<br>생물의 존재 | あります<br>います | ありません<br>いません |

## 일본에서는 이런 표기법을 써요!

● 일본어 한자

우리는 한자를 읽을 때 음(音)으로만 읽지만 일본어 한자는 음과 훈을 섞어 읽는 경우가 많다. 또한 일부 한자 표기에도 일본식 약자를 쓰므로 우리처럼 정자를 쓰면 안된다.

**핵심 단어**

• **女(おんな)** 여자    • **いません** 없습니다

• **子(こ)** 아이    • **男(おとこ)** 남자    • **隣(となり)** 옆

**표현 더하기**

金さんは 朴さんの (隣、前)には いません。
(キム)  (パク)  (となり)(まえ)

키무상와 박쿠상노 (토나리, 마에)니와 이마셍

김씨는 박씨의 (옆, 앞)에는 **없습니다**.

# 何かありますか。
なに

## 무언가 있습니까?

 籠の中に何がありますか。 바구니 안에 무엇이 있습니까?
かご なか なに

카고노 나카니 나니가 아리마스까

 りんごがあります。 사과가 있습니다.

링고가 아리마스

 鞄の中に何かありますか。 가방 안에 무언가 있습니까?
かばん なか なに

카방노 나카니 나니카 아리마스까

 はい、あります。ボールペンがあります。

하이, 아리마스. 보-루 뻰가 아리마스

네, 있습니다. 볼펜이 있습니다.

## 일본 회화 문법을 자세하고 친절하게 분석하기

### 대화에 쓰인 문법 해설을 알아보아요!

● **なにが / なにか의 차이**

なにが는 있는 것이 무엇인지 물을 때, なにか(무언가)는 무엇이 있는지의 여부를 묻는 표현으로 반드시 はい / いいえ로 대답한다.

● **~か**

문말에 종조사로 쓰일 때는 의문이나 질문을 나타내지만, 문장 안에서 부조사로 쓰일 때는 불확실함을 나타낸다. 이때는 우리말의 ~인가, 인지의 뜻으로 해석한다.

### 일본에서는 이런 표기법을 써요!

● **はい**

네라는 뜻으로 주로 대답할 때 사용한다. 또는 다른사람이 이야기 할 때 맞장구를 치는 용도로도 사용되니 적절히 이용하도록 한다.

---

**핵심 단어**

- **籠(かご)** 바구니
- **ボールペン** 볼펜
- **りんご** 사과
- **何(なに)か** 무언가
- **鞄(かばん)** 가방

---

**표현 더하기**

鞄の 中には (何が、何か) ありますか。

카방노 나카니와 (나니가, 나니카) 아리마스까

**가방 안에는 (무엇이, 무언가) 있습니까?**

# 誰かいますか。

## 누군가 있습니까?

 部屋の中に誰がいますか。 방 안에 누가 있습니까?

헤야노 나카니 다레가 이마스까

 子供がいます。 어린이가 있습니다.

코도모가 이마스

 部屋の中には誰かいますか。 방 안에는 누군가 있습니까?

헤야노 나카니와 다레카 이마스까

 はい、います。妹がいます。 네,있습니다. (여)동생이 있습니다.

하이, 이마스. 이모-토가 이마스

## 일본 회화 문법을 자세하고 친절하게 분석하기

### 대화에 쓰인 문법 해설을 알아보아요!

● だれが / だれか

だれが는 있는 사람이 누군지를 물을 때 쓰며, だれか의 か는 확실히 잘 모를 때의 기분을 나타내는 것으로 누군가 있는지의 여부를 묻는 뜻이 된다. 따라서 だれか로 물을 때는 반드시 はい(네), いいえ(아니오)로 답하고 존재여부를 말한다. 앞서 배운 なにが / なにか의 경우도 마찬가지이다.

### 일본에서는 이런 표기법을 써요!

● なに / だれ + も

의문을 나타내는 말 なに · だれ에 조사 も가 접속하면 그 전체를 나타낸다.

예   なにも 아무것도 · だれも 아무도

핵심
단어

- 部屋(へや) 방     • 誰(だれ)か 누군가
- 妹(いもうと) (여)동생    • 子供(こども) 어린이

표현 더하기

部屋の 中には (誰が、誰か) いますか。
へや　なか　　　だれ　　だれ

헤야노 나카니와 (다레가, 다레카) 이마스까

**방 안에는 (누가, 누군가) 있습니까?**

● **~は ~に あります**　~은 ~에 있습니다　　　　　　　文型연습 ❶

水はテーブルの上にあります。

물은 테이블 위에 있습니다.

果物は籠の中にあります。

과일은 바구니 안에 있습니다.

ごみ箱は椅子の下にあります。

쓰레기통은 의자 밑에 있습니다.


● **~は ~には ありません**　~은 ~에는 없습니다　　　　文型연습 ❷

財布は椅子の上にはありません。

지갑은 의자 위에는 없습니다.

手帳は鞄の中にはありません。

수첩은 가방 속에는 없습니다.

ぺんはノートの側にはありません。

펜은 노트 옆에는 없습니다.


● **~に ~が います**　~에 ~가 있습니다　　　　　　　文型연습 ❸

あそこに子供がいます。

저기에 어린이가 있습니다.

公園に山田さんの子犬がいます。

공원에 야마다씨의 강아지가 있습니다.

教室の中に先生がいます。

교실 안에 선생님이 있습니다.

66

## ● ~は ~には いません   ~은 ~에는 없습니다

先生は教室にはいません。

선생님은 교실에는 없습니다.

犬は庭にはいません。

개는 정원에는 없습니다.

鳥は屋根の上にはいません。

새는 지붕 위에는 없습니다.

## ● ~には なにか ありますか   ~에는 무언가 있습니까?

ボックスの中には何かありますか。

박스 안에는 무언가 있습니까?

かばんの中には何かありますか。

가방 안에는 무언가 있습니까?

あなたの後ろには何かありますか。

당신 뒤에는 무언가 있습니까?

## ● ~には だれか いますか   ~에는 누군가 있습니까?

部屋の中には誰かいますか。

방 안에는 누군가 있습니까?

事務室の中には誰かいますか。

사무실 안에는 누군가 있습니까?

あの建物の後ろには誰かいますか。

저 건물 뒤에는 누군가 있습니까?

1. 맞는 단어 끼리 선을 연결해 보세요.

駅(えき)　　　●　　　　　　　　● 책상

ボールペン　●　　　　　　　　● 백화점

子供(こども)　●　　　　　　　　● 역

デパート　　●　　　　　　　　● 어린이

机(つくえ)　　●　　　　　　　　● 볼펜


2. 다음 해석을 참고하여 일본어 문장을 완성하세요.

● 방 안에 누가 있습니까?

　　部屋の中に ＿＿＿＿＿＿＿＿ いますか。

● 은행도 역 옆에 있습니까?

　　銀行も駅の ＿＿＿＿＿＿＿＿ にありますか。

● 바구니 안에 무엇이 있습니까?

　　籠の中に何が ＿＿＿＿＿＿＿＿ 。

● 네, 있습니다. (여)동생이 있습니다.

　　はい、います。妹が ＿＿＿＿＿＿＿＿ 。

# STEP 3

## UNIT 13-18

UNIT
13 | いくつありますか。

몇 개 있습니까?

 りんごは全部でいくつありますか。

링고와 젠부데 이쿠츠 아리마스까

사과는 전부 몇 개 있습니까?

 りんごは二つしかありません。

링고와 후타츠시카 아리마셍

사과는 두 개 밖에 없습니다.

りんごは二つし
かありません。

りんごは全部で
いくつありますか。

70

## 일본 회화 문법을 자세하고 친절하게 분석하기

### 대화에 쓰인 문법 해설을 알아보아요!

● 일본어 고유수사

일본어 수사(数詞)에는 우리말과 마찬가지로 일(一), 이(二), 삼(三) … 처럼 한자어로 읽는 방법과, 하나, 둘, 셋 … 처럼 고유어로 읽는 방법이 있다. 그러나 우리말의 고유수사는 하나에서 아흔아홉까지 셀 수가 있지만, 일본어에서는 하나(ひとつ)에서 열(とお)까지 밖에 셀 수가 없다. 열 이상은 반드시 한자어 수사로 읽어야 한다.

| 하나, 한 개 | 둘, 두 개 | 셋, 세 개 | 넷, 네 개 | 다섯, 다섯 개 |
|---|---|---|---|---|
| ひとつ | ふたつ | みっつ | よっつ | いつつ |
| 여섯, 여섯 개 | 일곱, 일곱 개 | 여덟, 여덟 개 | 아홉, 아홉 개 | 열, 열 개 |
| むっつ | ななつ | やっつ | ここのつ | とお |

### 일본에서는 이런 표기법을 써요!

● ~しか ありません

しか는 ~밖에, 뿐의 뜻으로 한정을 나타내는 조사로, 반드시 뒤에는 ありません 처럼 부정어가 온다.

- りんご 사과
- 全部(ぜんぶ)で 전부
- ~しか ~밖에
- いくつ 몇 개

표현 더하기

バナナは (一つ、二つ) しか ありません。
         ひと  ふた

바나나와 (히토츠, 후타츠) 시카 아리마셍

바나나는 (하나, 둘) 밖에 없습니다.

## UNIT 14

# 卵は13個あります。

### 달걀은 13개 있습니다

たまご
卵はいくつありますか。 달걀은 몇 개 있습니까?

타마고와 이쿠츠 아리마스까

たまご　じゅうさん　こ
卵は十三個あります。 달걀은 13개 있습니다.

타마고와 쥬-상코 아리마스

みんな
皆でいくらですか。 모두 얼마입니까?

민나데 이쿠라데스까

みんな　　せんえん
皆で千円です。 모두 천 엔입니다.

민나데 센엔데스

## 일본 회화 문법을 자세하고 친절하게 분석하기

### 대화에 쓰인 문법 해설을 알아보아요!

● 일본어 한수사

일본어의 한자어 수사는 우리말의 한자어 수사와 마찬가지로 중국에서 전해 내려온 한자음으로 읽는 것을 말한다. 일본어에서는 고유어 수사가 열(とお)까지 밖에 없으므로 열 이상은 반드시 한자어 수사를 써야 한다. 숫자 4, 7, 9는 읽는 방법이 두 가지이니 주의를 요한다. 10 이상의 숫자는 10(じゅう)와 1(いち)를 합하여 11(じゅういち)라고 하며 1부터 10까지만 알면 99까지 읽을 수 있으며, 0은 れい / ゼロ / まる와 같이 세 가지 방법으로 읽는다.

| 1 いち | 2 に | 3 さん | 4 し / よん | 5 ご |
|---|---|---|---|---|
| 6 ろく | 7 しち / なな | 8 はち | 9 きゅう / く | 10 じゅう |
| 11 じゅういち | 12 じゅうに | 13 じゅうさん | 14 じゅうよん | 15 じゅうご |
| 16 じゅうろく | 17 じゅうなな | 18 じゅうはち | 19 じゅうきゅう | 20 にじゅう |
| 30 さんじゅう | 40 よんじゅう | 50 ごじゅう | 100 ひゃく | 1,000 せん |

핵심 단어

- 卵(たまご) 달걀
- 皆(みんな) 모두
- ~個(こ) ~개
- 円(えん) 엔(일본 화폐단위)

표현 더하기

桃は (一つ、皆) で いくらですか。

모모와 (히토츠, 민나)데 이쿠라데스까

**복숭아는 (하나, 모두)에 / 해서 얼마입니까?**

73

きのう　なんようび
昨日は何曜日でしたか。 어제는 무슨 요일이었습니까?

키노-와 난요-비 데시타까

きのう　すいようび
昨日は水曜日でした。 어제는 수요일이었습니다.

키노-와 스이요-비 데시따

## 일본 회화 문법을 자세하고 친절하게 분석하기

**대화에 쓰인 문법 해설을 알아보아요!**

● ~でした

명사를 정중하게 단정할 때 쓰이는 です의 과거형은 でした로 우리말의 ~이었습니다에 해당한다. でした에 의문이나 질문을 나타내는 조사 か를 접속하면 ~이었습니까?가 된다.

| 기본형 | 과거형 | 의문형 |
|---|---|---|
| ~です | ~でした | ~でしたか |

● 요일(曜日)의 표현

| 일요일 | 日曜日(にちようび) | 목요일 | 木曜日(もくようび) |
|---|---|---|---|
| 월요일 | 月曜日(げつようび) | 금요일 | 金曜日(きんようび) |
| 화요일 | 火曜日(かようび) | 토요일 | 土曜日(どようび) |
| 수요일 | 水曜日(すいようび) | | |

● 시제(時制)의 표현

| 그제 | 어제 | 오늘 | 내일 | 모레 |
|---|---|---|---|---|
| 一昨日(おととい) | 昨日(きのう) | 今日(きょう) | 明日(あした) | 明後日(あさって) |

**핵심 단어**

- 昨日(きのう) 어제
- ~でした ~이었습니다
- 何曜日(なんようび) 무슨 요일

**표현 더하기**

昨日(きのう)は(木曜日(もくようび)、金曜日(きんようび))でした。

키노-와 (모쿠요-비, 킹요-비)데시따

어제는 (목요일, 금요일)이었습니다.

# 4月ではありませんでした。
しがつ
## 4월이 아니었습니다

先月は四月でしたか。 지난달은 4월이었습니까?
せんげつ しがつ

센게츠와 시가츠데시타까

いいえ、先月は四月ではありませんでした。
せんげつ しがつ

이-에, 센게츠와 시가츠데와 아리마센데시따

三月でした。 아니오, 지난달은 4월이 아니었습니다. 3월이었습니다.
さんがつ

산가츠데시따

三月でした。

先月は四月
でしたか。

76

## 일본 회화 문법을 자세하고 친절하게 분석하기

### 대화에 쓰인 문법 해설을 알아보아요!

● ~では ありませんでした

명사를 정중하게 단정하는 です의 부정형은 ~では ありません이다. 따라서 では ありません에 です의 과거형인 でした를 접속하면 부정과거가 되며, 회화체에서는

~では ありません ▶ ~じゃ ありません

~では ありませんでした ▶ ~じゃ ありませんでした로 줄여서 쓰기도 한다.

| | 현재형 | 과거형 |
|---|---|---|
| 부정 | ~では ありません<br>~이(가) 아닙니다 | ~では ありませんでした<br>~이(가) 아니었습니다 |

● 월(月)의 표현

| 1월 | 2월 | 3월 | 4월 | 5월 | 6월 |
|---|---|---|---|---|---|
| いちがつ | にがつ | さんがつ | しがつ | ごがつ | ろくがつ |

| 7월 | 8월 | 9월 | 10월 | 11월 | 12월 |
|---|---|---|---|---|---|
| しちがつ | はちがつ | くがつ | じゅうがつ | じゅういちがつ | じゅうにがつ |

핵심 단어

● 先月(せんげつ) 지난달    ● 月(がつ) 월

표현 더하기

先月 は (四月、五月) では ありませんでした。
せんげつ    しがつ  ごがつ

센게츠와 (시가츠, 고가츠)데와 아리마센데시따

지난달은 (4월, 5월)이 아니었습니다.

 今日<sup>きょう</sup>は八日<sup>ようか</sup>ですか。 오늘은 8일입니까?

쿄-와 요-카데스까

 いいえ、八日<sup>ようか</sup>ではありません。 아니오, 8일이 아닙니다.

이-에, 요-카데와 아리마셍

 では、今日<sup>きょう</sup>は何日<sup>なんにち</sup>ですか。 그럼, 오늘은 며칠입니까?

데와, 쿄-와 난니치데스까

 今日<sup>きょう</sup>は九日<sup>ここのか</sup>です。 오늘은 9일입니다.

쿄-와 코코노카데스

## 일본 회화 문법을 자세하고 친절하게 분석하기

### 대화에 쓰인 문법 해설을 알아보아요!

● 일(日)의 표현

일본어에서 일(日)을 나타낼 때는 1일부터 10일까지는 고유어로 읽지만 10일 이상은 한자어로 읽는다.

| 1일 | 2일 | 3일 | 4일 | 5일 | 6일 |
|---|---|---|---|---|---|
| ついたち | ふつか | みっか | よっか | いつか | むいか |
| 7일 | 8일 | 9일 | 10일 | 11일 | 12일 |
| なのか | ようか | ここのか | とおか | じゅういちにち | じゅうににち |
| 13일 | 14일 | 15일 | 16일 | 17일 | 18일 |
| じゅうさんにち | じゅうよっか | じゅうごにち | じゅうろくにち | じゅうしちにち | じゅうはちにち |
| 19일 | 20일 | 21일 | 22일 | 23일 | 24일 |
| じゅうくにち | はつか | にじゅういちにち | にじゅうににち | にじゅうさんにち | にじゅうよっか |
| 25일 | 26일 | 27일 | 28일 | 29일 | 30일 |
| にじゅうごにち | にじゅうろくにち | にじゅうしちにち | にじゅうはちにち | にじゅうくにち | さんじゅうにち |
| 31일 | | | | | |
| さんじゅういちにち | | | | | |

● では

그럼의 뜻을 가진 접속사로 화제를 바꿀 때 쓰인다.

핵심
단어

• 今日(きょう) 오늘    • 何日(なんにち) 며칠    • では 그럼

표현 더하기

今日(きょう)は(何日(なんにち)、七日(なのか))ですか。

쿄-와 (난니치, 나노카)데스까

오늘은 (며칠, 7일)입니까?

# UNIT 18

いま なんじ
今、何時ですか。

지금 몇시입니까?

## すみません。今、何時ですか。

스미마셍. 이마 난지데스까

미안합니다. 지금 몇 시입니까?

## 今、ちょうど十二時です。

이마, 쵸-도 쥬-니지데스

지금 정각 12시입니다.

## 일본 회화 문법을 자세하고 친절하게 분석하기

### 대화에 쓰인 문법 해설을 알아보아요!

● 시(時)의 표현

| 1시 | 2시 | 3시 | 4시 | 5시 | 6시 |
|---|---|---|---|---|---|
| いちじ | にじ | さんじ | よじ | ごじ | ろくじ |
| 7시 | 8시 | 9시 | 10시 | 11시 | 12시 |
| しちじ | はちじ | くじ | じゅうじ | じゅういちじ | じゅうにじ |

● 분(分)의 표현

| 1분 | 2분 | 3분 | 4분 | 5분 |
|---|---|---|---|---|
| いっぷん | にふん | さんぷん | よんぷん | ごふん |
| 6분 | 7분 | 8분 | 9분 | 10분 |
| ろっぷん | ななふん | はっぷん | きゅうふん | じゅっぷん |

### 일본에서는 이런 표기법을 써요!

● すみません

상대에게 사죄·감사·의뢰를 할 때 쓰이는 말로 우리말의 미안합니다에 해당한다. 또한 상대를 부를 때는 여보세요라는 의미로도 쓰인다.

핵심
단어

- **すみません** 미안합니다
- **ちょうど** 정각
- **今(いま)** 지금
- **何時(なんじ)** 몇 시

표현 더하기

### 今、何 (時、分、秒) ですか。

이마 난 (지, 뿡, 뵤-)데스까

**지금 몇 (시, 분, 초) 입니까?**

● **~は ~しか ありません** ~은 ~밖에 없습니다                                 문형연습 ❶

梨<sub>なし</sub>は二<sub>ふた</sub>つしかありません。

배는 두 개밖에 없습니다.

桃<sub>もも</sub>は九<sub>ここの</sub>つしかありません。

복숭아는 아홉 개밖에 없습니다.

すいかはよっつしかありません。

수박은 네 개밖에 없습니다.


● **~は なん(~)** ~은 ~몇(~)                                             문형연습 ❷

コップは何個<sub>なんこ</sub>ありますか。

컵은 몇 개 있습니까?

雑誌<sub>ざっし</sub>は何冊<sub>なんさつ</sub>ありますか。

잡지는 몇 권 있습니까?

このビルは何階<sub>なんがい</sub>ですか。

이 빌딩은 몇 층입니까?


● **~は ~でした** ~은 ~이었습니다                                         문형연습 ❸

昨日<sub>きのう</sub>は何曜日<sub>なんようび</sub>でしたか。

어제는 무슨 요일이었습니까?

一昨日<sub>おととい</sub>は休<sub>やす</sub>みの日<sub>ひ</sub>でしたか。

그제는 쉬는 날이었습니까?

昨日<sub>きのう</sub>は金<sub>キム</sub>さんのお誕生日<sub>たんじょうび</sub>でした。

어제는 김 씨의 생일이었습니다.

● **~は ~では ありませんでした**　~은 ~이(가) 아니었습니다

せんげつ しち がつ
先月は七月ではありませんでした。

지난 달은 7월이 아니었습니다.

きのう し がつじゅうよっか
昨日は四月十四日ではありませんでした。

어제는 4월 14일이 아니었습니다.

おととい しゅくじつ
一昨日は祝日ではありませんでした。

그제는 경축일이 아니었습니다.

● **~は なん(~)**　~은 무슨 / 몇(~)

こんげつ なん がつ
今月は何月ですか。

이번 달은 몇 월입니까?

きのう なん よう び
昨日は何曜日でしたか。

어제는 무슨 요일이었습니까?

おととい なんにち
一昨日は何日でしたか。

그제는 며칠이었습니까?

● **いま(時間)です**　지금 (시간) 입니다

なん じ なん
いま何時何ぷんですか。

지금 몇 시 몇 분입니까?

ごぜん く
いまちょうど午前九じです。

지금 정각 오전 9시입니다.

ご ご
いま午後ろくじはんです。

지금 오후 6시반입니다.

1. 1부터 10까지 일본어로 적어보세요.

| 1 | 2 | 3 | 4 | 5 |
|---|---|---|---|---|
|   |   |   |   |   |
| 6 | 7 | 8 | 9 | 10 |
|   |   |   |   |   |

2. 월요일부터 일요일까지 일본어로 적어보세요.

| 월요일 | 화요일 | 수요일 | 목요일 |
|---|---|---|---|
|   |   |   |   |
| 금요일 | 토요일 | 일요일 | 무슨 요일 |
|   |   |   |   |

3. 1월부터 12월까지 일본어로 적어보세요.

| 1월 | 2월 | 3월 | 4월 |
|---|---|---|---|
|   |   |   |   |
| 5월 | 6월 | 7월 | 8월 |
|   |   |   |   |
| 9월 | 10월 | 11월 | 12월 |
|   |   |   |   |

# STEP 4

## UNIT 19-24

# うん、安いよ。

응, 싸

 銀座のレストラン、安い。 긴자 레스토랑, 싸니?

긴자노 레스토랑, 야스이

 うん、安いよ。 응, 싸.

웅, 야스이요

## 일본 회화 문법을 자세하고 친절하게 분석하기

### 대화에 쓰인 문법 해설을 알아보아요!

● 일본어의 형용사

정의

일본어 형용사는 활용(活用)이 있는 자립어로 사물의 성질이나 상태를 나타낸다.

특징

우리말 형용사와는 달리 의미로 분류하지 않고 어미의 형태로 분류한다. 즉, 일본어 형용사 기본형의 어미는 반드시 ~い로 끝나는 것이 특징이다. 기본형 자체로 문(文)을 끝맺기도 하는데 이것을 문법 용어에서는 종지형이라고 한다.

| 기본형 | 어간 | 어미 | 의미 |
|---|---|---|---|
| 安(やす)い | やす | い | 싸다 |
| 高(たか)い | たか | い | 높다, 비싸다 |
| 長(なが)い | なが | い | 길다 |

### 일본에서는 이런 표기법을 써요!

● 조사 よ의 용법

조사 よ는 문말에 접속하여 상대편에 알리고서 다짐을 나타내거나 권유나 명령을 나타낼 때 쓰이는 조사로, 우리말의 ~요, 야, 자로 해석되는 경우가 많다.

핵심
단어

● 銀座(ぎんざ) 긴자(지명)   ● うん 응   ● 安(やす)い 싸다
● レストラン 레스토랑

표현 더하기

この 鉛筆(えんぴつ)は とても (長(なが)、重(おも)、軽(かる))い。
코노 엠삐츠와 토테모 (나가, 오모, 카루)이

이 연필은 매우 (길, 무겁, 가볍)다.

87

# UNIT 20
## 金さんは背が高いですか。
### 김 씨는 키가 큽니까?

 金さんは背が高いですか。 김 씨는 키가 큽니까?

키무상와 세가 타카이데스까

 はい、金さんは背が高いです。 네,김 씨는 키가 큽니다.

하이, 키무상와 세가 타카이데스

## 일본 회화 문법을 자세하고 친절하게 분석하기

### 대화에 쓰인 문법 해설을 알아보아요!

● ~いです

일본어 형용사를 정중하게 표현하고자 할 때는 형용사의 기본형에 정중한 단정을 나타내는 です를 접속하면 된다. 우리말에서는 어미의 형태가 변하여 ~ㅂ니다로 정중체가 되지만 일본어에서는 기본형의 어미 い에 です만 접속하면 된다.

| 기본형 | 의미 | 정중형 | 의미 |
|---|---|---|---|
| 重(おも)い | 무겁다 | 重(おも)いです | 무겁습니다 |
| 軽(かる)い | 가볍다 | 軽(かる)いです | 가볍습니다 |
| 長(なが)い | 길다 | 長(なが)いです | 깁니다 |
| 短(みじか)い | 짧다 | 短(みじか)いです | 짧습니다 |

### 일본에서는 이런 표기법을 써요!

● たかい

형용사 高(たか)い는 높다라는 뜻 이외에 물건값이 비싸다라는 뜻과, 키가 크다라는 뜻으로도 쓰인다. 반대말은 低(ひく)い 낮다, (키가) 작다이다.

핵심단어

● ~さん ~씨, 양    ● ~が ~이, 가    ● 背(せ) 키
● 高(たか)い 높다, 비싸다, (키다) 크다

표현 더하기

この雑誌(ざっし)は (安(やす)い、高(たか)い、面白(おもしろ)い)です。

코노 잣시와 (야스이, 타카이, 오모시로이)데스

이 잡지는 (쌈, 비쌈, 재미있습)니다.

# 大きい犬ですね。
## 큰 개이군요

**あれが田村さんの犬ですか。** 저것이 다무라 씨의 개입니까?

아레가 타무라상노 이누데스까

**はい、あの黒い犬です。** 네, 저 검정 개입니다.

하이, 아노 쿠로이 이누데스

**とても大きい犬ですね。** 매우 큰 개이군요.

토테모 오-키- 이누데스네

## 일본 회화 문법을 자세하고 친절하게 분석하기

### 대화에 쓰인 문법 해설을 알아보아요!

● 형용사의 연체형

일본어 형용사는 우리말의 형용사와는 달리 뒤의 체언을 수식할 때는 기본형을 취한다. 예를 들어 우리말은 크다라는 형용사가 뒤의 명사 개를 수식할 때, 큰이라고 형용사의 어미가 변한다. 하지만 일본어는 어미가 변하지 않고 ~い + 체언의 형태를 취하는데, 이것을 연체형이라고 한다.

大(おお)きい　犬(いぬ) 큰 개　　　　小(ちい)さい　猫(ねこ) 작은 고양이

広(ひろ)い　部屋(へや) 넓은 방　　　狭(せま)い　家(いえ) 좁은 집

### 일본에서는 이런 표기법을 써요!

● 조사 ね의 용법

문말에 접속하여 가벼운 감동을 나타내거나, 상대에게 동의를 구하거나, 다짐하는 데 쓰이는 조사로 우리말의 ~요, ~군요, ~로군으로 해석된다.

핵심
단어

●犬(いぬ) 개　　●とても 매우　　●大(おお)きい 크다
●黒(くろ)い 검다

표현 더하기

これは(難(むずか)しい、易(やさ)しい)問題(もんだい)ですね。

코레와 (무즈카시-, 야사시-) 몬다이데스네

이것은 (어려운, 쉬운) 문제이군요.

# UNIT 22

## あまり面白くない。

### 그다지 재미있지 않아

 この漫画、面白い。 이 만화, 재미있어?

코노 망가, 오모시로이

 いや、あまり面白くない。 아니, 별로 재미없어.

이야, 아마리 오모시로쿠 나이

## 일본 회화 문법을 자세하고 친절하게 분석하기

### 대화에 쓰인 문법 해설을 알아보아요!

● ~く ない

형용사를 정중하게 부정할 때는 어미 い를 く로 바꾸고 부정어 ない를 접속하면 ~지 않다의 뜻으로 형용사의 부정형이 되며, 그 상태로 문을 종지하는 역할도 한다.

| 기본형 | 의미 | 부정형 | 의미 |
|---|---|---|---|
| 重(おも)い | 무겁다 | 重(おも)く ない | 무겁지 않다 |
| 軽(かる)い | 가볍다 | 軽(かる)く ない | 가볍지 않다 |
| 長(なが)い | 길다 | 長(なが)く ない | 길지 않다 |
| 短(みじか)い | 짧다 | 短(みじか)く ない | 짧지 않다 |

### 일본에서는 이런 표기법을 써요!

● あまり

あまり 뒤에 긍정어가 오면 너무라는 뜻의 부사어지만, 뒤에 부정어가 오게 되면 그다지, 별로라는 뜻을 나타낸다. 회화체에서는 강조하여 あんまり로도 쓰인다.

핵심
단어

- 漫画(まんが) 만화  ● あまり 그다지, 별로  ● いや 아니
- 面白(おもしろ)い 재미있다  ● ~くない ~지 않다

표현 더하기

## この ビルは あまり (高(たか)く、新(あたら)しく)ない。

코노 비루와 아마리 (타카쿠, 아타라시쿠)나이

이 빌딩은 그다지 (높지, 새롭지) 않다.

# UNIT 23

## あまり易しくありません。

### 그다지 쉽지 않습니다

 **英語は易しいですか。** 영어는 쉽습니까?

에이고와 야사시-데스까

 **いいえ、あまり易しくありません。難しいです。**

이-에, 아마리 야사시쿠 아리마셍. 무즈카시-데스

아니오, 별로 쉽지 않습니다. 어렵습니다.

## 일본 회화 문법을 자세하고 친절하게 분석하기

### 대화에 쓰인 문법 해설을 알아보아요!

● ~く ありません

형용사를 정중하게 부정할 때는 어미 い를 く로 바꾸고 부정어인 ありません을 접속하면 된다. 이 때 ありません은 존재의 부정 없습니다가 아니라 상태의 부정으로 아닙니다가 된다. ~くありません은 ~いです의 부정형이다.

| 정중형 | 부정형 | 의미 |
|---|---|---|
| 高(たか)いです | 高(たか)く ありません | 비싸지 않습니다 |
| 安(やす)いです | 安(やす)く ありません | 싸지 않습니다 |
| 重(おも)いです | 重(おも)く ありません | 무겁지 않습니다 |
| 軽(かる)いです | 軽(かる)く ありません | 가볍지 않습니다 |

### 일본에서는 이런 표기법을 써요!

● ~く ないです

형용사의 부정형인 ~く ない에 정중한 단정을 나타내는 です를 접속하면 ~く ありません과 같은 뜻이 된다.

예 このリンゴは美味(おい)しくありません。= このリンゴは美味(おい)しくないです。

　　이 사과는 맛이 없어요.

핵심
단어

- 英語(えいご) 영어
- 易(やさ)しい 쉽다
- 難(むずか)しい 어렵다

표현 더하기

## この 薬(くすり)は あまり (甘(あま)く、苦(にが)く) ありません。

코노 쿠스리와 아마리 (아마쿠, 니가쿠) 아리마셍

이 약은 그다지 (달지, 쓰지) 않습니다.

## 今、東京の冬はどうですか。 지금 도쿄 겨울은 어떻습니까?

이마, 도-쿄-노 후유와 도-데스까

## あまり寒くはありません。ソウルはどうですか。

아마리 사무쿠와 아리마셍. 소우루와 도-데스까

별로 춥지는 않습니다. 서울은 어떻습니까?

## 今は寒くも暖かくもありません。 지금은 춥지도 따뜻하지도 않습니다.

이마와 사무쿠모 아타타카쿠모 아리마셍

今、東京の冬は
どうですか。

あまり寒くは
ありません。

## 일본 회화 문법을 자세하고 친절하게 분석하기

### 대화에 쓰인 문법 해설을 알아보아요!

● ~くは ありません(ない)

형용사의 부정을 강조할 때는 조사 は를 부정어 앞에 삽입한다. 이때는 ~지는 않습니다(않다)의 뜻이 된다.

● ~くも ありません(ない)

두 가지 이상의 상태를 부정할 때는 조사 も를 부정어 앞에 삽입하면 된다. 이때는 ~지도 않습니다(않다)의 뜻이 된다.

### 일본에서는 이런 표기법을 써요!

● どうですか

상대에게 의향을 물어볼 때 자주 쓰이는 말로 공손하게 말할 때는 いかがですか라고 한다.

핵심
단어

• 今(いま) 지금 • ソウル 서울 • 東京(とうきょう) 도쿄 • どう 어떻게

• 寒(さむ)い 춥다 • 冬(ふゆ) 겨울 • 暖(あたた)かい 따뜻하다

표현 더하기

これは (安く、高く)は/も ありません。

코레와 (야스쿠, 타카쿠)와/모 아리마셍

이것은 (싸지, 비싸지)는/도 않습니다.

● **~は ~い** ~은 ~하다　　　　　　　　　　　　　　　　　문형연습 **❶**

このすいかはとても美味しい。

이 수박은 매우 맛있다.

この映画はとても面白い。

이 영화는 매우 재미있다.

あのりんごはとても赤い。

저 사과는 매우 빨갛다.


● **~は ~いです** ~은 ~ㅂ니다　　　　　　　　　　　　　　문형연습 **❷**

今年の夏はとても暑いです。

올 여름은 엄청 덥습니다.

あのビルはとても高いです。

저 빌딩은 아주 높습니다.

このホテルには日本人が多いです。

이 호텔에는 일본인이 많습니다.


● **~い + 체언(体言)** ~한 ~　　　　　　　　　　　　　　문형연습 **❸**

もっと安いりんごはありませんか。

더 싼 사과는 없습니까?

とても面白い小説ですね。

매우 재미있는 소설이군요.

なかなか広い部屋ですね。

꽤 넓은 방이군요.

● **~は ~くない** ~은 ~지 않다

このスーパーはあまり高くない。

이 슈퍼는 그다지 비싸지 않다.

この薬はあまり苦くない。

이 약은 별로 쓰지 않다.

あのブランドの品はよくない。

저 브랜드의 물건은 좋지 않다.

● **~は ~く ありません** ~은 ~지 않습니다

このお菓はあまり美味しくありません。

이 과자는 별로 맛이 없습니다.

今年の冬はそんなに寒くありません。

올 겨울은 그리 춥지 않습니다.

日本語はあまり難しくありません。

일본어는 그다지 어렵지 않습니다.

● **~は ~くは/もありません** ~은 ~지는 / 도 않습니다

今年の夏は暑くはありません。

올 여름은 덥지 않습니다.

あのデパートはあまり大きくはありません。

저 백화점은 별로 크지는 않습니다.

この薬は甘くも苦くもありません。

이 약은 달지도 쓰지도 않습니다.

## 앞에서 배운 내용 다시 확인하기

1. 다음 보기를 보고 질문에 두 가지 방법으로 대답을 해 보세요.

보기

英語(えいご)は易(やさ)しいですか。 영어는 쉽습니까?

❶ はい、易(やさ)しいです。 네, 쉽습니다.

❷ いいえ、あまり易(やさ)しくありません。 아니오. 쉽지 않습니다.

その財布(さいふ)は高(たか)いですか。 그 지갑은 비쌉니까?

❶ はい、_____ 。 네, 비쌉니다.

❷ いいえ、_____ 。 아니오. 비싸지 않습니다.

2. 다음 해석을 참고하여 일본어 문장을 완성하세요.

● 아니, 별로 재미없어.

　　いや、あまり面白(おもしろ)_____ 。

● 별로 춥지는 않습니다.

　　あまり寒(さむ)くは _____ 。

● 이 약은 달지도 쓰지도 않습니다.

　　この薬(くすり)は甘(あま)く _____ 苦(にが)く _____ 。

100

# STEP 5
## UNIT 25-30

それ、君の手袋。그것, 네 장갑이니?

소레 키미노 테부쿠로

ええ、そうよ。응, 그래

에에, 소-요

素敵だね。멋지네.

스테키다네

どうもありがとう。고마워.

도-모 아리가또-

## 일본 회화 문법을 자세하고 친절하게 분석하기

### 대화에 쓰인 문법 해설을 알아보아요!

**● 형용동사**

일본어의 형용사는 우리말과는 달리 두 가지 형태가 있다. 형태상 어미가 い로 끝나는 형용사와, 어미가 だ로 끝나는 형용동사가 있다. 일반적으로 형용사라고 할 때는 앞서 배운 い로 끝나는 것을 말하며, 형용동사는 어미의 형태만 다를뿐 상태를 표현하는 점에 있어서는 동일하다.

단, 형용동사는 어간이 명사적인 성질이 강한 것이 많다. 우리말의 명사 + 하다(편리하다, 유명하다 등) 처럼 명사의 상태나 성질을 나타내면 형용동사에 해당한다.

| 기본형 | 어간 | 어미 | 의미 |
|---|---|---|---|
| 素敵(すてき)だ | すてき | だ | 멋지다 |

### 일본에서는 이런 표기법을 써요!

**● どうも ありがとう**

일본어에서 고맙다는 감사의 표현은 ありがとう이다. 정중하게 표현할 때는 ありがとうございます라고 하며, どうも는 매우라는 뜻의 부사어이지만, 그 자체로도 감사의 표현이 된다.

핵심
단어

- 君(きみ) 너, 자네
- 素敵(すてき)だ 멋지다
- 手袋(てぶくろ) 장갑
- どうもありがとう 무척 고마워

표현 더하기

## この デパートは (奇麗(きれい)、便利(べんり))だ。

코노 데빠-토와 (키레이, 벤리)다

이 백화점은 (깨끗, 편리)하다.

ゆうめい
**このデパート、有名ですか。** 이 백화점, 유명합니까?

코노 데빠-토, 유-메이데스까

いちばん ゆうめい
**はい、ここで一番有名ですよ。** 네, 여기서 가장 유명해요.

하이, 코코데 이치방 유-메이데스요

ずいぶん きれい
**随分奇麗ですね。** 상당히 깨끗하군요.

즈이붕 키레이데스네

## 일본 회화 문법을 자세하고 친절하게 분석하기

### 대화에 쓰인 문법 해설을 알아보아요!

● 형용동사의 정중형

형용동사의 어간에 정중한 단정을 나타내는 です를 접속하면 ~ㅂ니다의 뜻으로 정중형이 된다.

| 기본형 | 어간 | 어미 | 의미 |
|---|---|---|---|
| 静(しず)かだ<br>素敵(すてき)だ<br>有名(ゆうめい)だ | 静(しず)か<br>素敵(すてき)<br>有名(ゆうめい) | 静(しず)かです<br>素敵(すてき)です<br>有名(ゆうめい)です | 조용합니다<br>멋집니다<br>유명합니다 |

### 일본에서는 이런 표기법을 써요!

● 명사 + です

명사에 です를 접속하면 ~입니다의 뜻이 되지만 형용동사에 です를 접속하면 ~ㅂ니다의 뜻이 된다.

핵심
단어

• デパート 백화점  • 随分(ずいぶん) 상당히, 매우  • 奇麗(きれい)だ 깨끗하다
• 一番(いちばん) 가장, 제일  • 有名(ゆうめい)だ 유명하다

표현 더하기

ここは 交通が (便利、不便) です。
　　　こうつう　べんり　ふべん

코코와 코-츠-가 (벤리, 후벤)데스

여기는 교통이 (편리, 불편)합니다.

公園はどこですか。 공원은 어디입니까?
こうえん

코-엔와 도코데스까

あそこです。 저기입니다.

아소코데스

静かな公園ですか。 조용한 공원입니까?
しず　　こうえん

시즈카나 코-엔데스까

はい、とても静かな公園です。 네, 매우 조용한 공원입니다.
しず　　こうえん

하이, 토테모 시즈카나 코-엔데스

## 일본 회화 문법을 자세하고 친절하게 분석하기

### 대화에 쓰인 문법 해설을 알아보아요!

● 형용동사의 연체형

앞서 배운 일본어 형용사의 경우는 뒤의 체언을 수식할 때 기본형을 취하지만, 형용동사의 경우는 어미 だ가 な로 바뀌어 체언을 수식한다. 이때 なる는 ~한으로 해석한다.

| 기본형 | 의미 | 연체형 | 의미 |
|---|---|---|---|
| 静潟(しずか)だ | 조용하다 | しずかな | 조용한 |
| 奇麗(きれい)だ | 깨끗하다 | きれいな | 깨끗한 |
| 好(す)きだ | 좋아하다 | すきな | 좋아하는 |
| 嫌(きら)いだ | 싫어하다 | きらいな | 싫어하는 |

### 일본에서는 이런 표기법을 써요!

● な형용사

형용동사를 다른 말로 な형용사라고 한다. 형용동사는 모두 だ로 끝나는데 이 끝에 오는 だ가 수식할 때에는 な로 바뀌기 때문에 な형용사라고도 한다.

핵심단어

- 公園(こうえん) 공원
- 静(しず)かな 조용한
- あそこ 저기
- とても 매우, 몹시

표현 더하기

ここは (奇麗、静か、有名)な 村です。
코코와 (키레이, 시즈카, 유-메이)나 무라데스
여기는 (깨끗, 조용, 유명)한 마을입니다.

# UNIT 28

## 派手ではありませんか。
**화려하지 않습니까?**

この奇麗なセーター、誰のですか。 이 예쁜 스웨터, 누구 것입니까?

코노 키레이나 세-타-, 다레노데스까

林さんのです。 하야시양 것입니다.

하야시상노데스

ちょっと派手ではありませんか。 좀 화려하지 않습니까?

촛토 하데데와 아리마셍까

はい、ちょっと派手ですね。 네, 좀 화려하군요.

하이, 촛토 하데데스네

## 일본 회화 문법을 자세하고 친절하게 분석하기

### 대화에 쓰인 문법 해설을 알아보아요!

● ~では ない(ありません)

형용동사의 부정형은 어미 だ를 で로 바꾸고 부정어인 ない를 접속하면 된다. 보통 で와 ない 사이에 조사 は를 접속하여 쓴다. 또한 형용동사의 정중형을 부정할 때는 부정어인 ない 대신에 ありません을 접속하면 된다.

| 기본형 | 부정형 | 정중형 | 부정형 |
|---|---|---|---|
| 静(しず)かだ<br>조용하다 | 静(しず)かで(は)ない<br>조용하지 않다 | 静(しず)かです<br>조용합니다 | 静(しず)かで(は)<br>ありません<br>조용하지 않았습니다 |

### 일본에서는 이런 표기법을 써요!

● ~じゃ ない(ありません)

회화체에서는 では를 じゃ로 줄여서 じゃ ない、じゃ ありません으로 쓴다.

핵심
단어

- **奇麗(きれい)な** 예쁜
- **ちょっと** 조금, 약간
- **セーター** 스웨터
- **派手(はで)だ** 화려하다

표현 더하기

## あの 人は (有名、親切)では ありません。
ひと　　ゆうめい　しんせつ

아노 히토와 (유-메이, 신세츠)데와 아리마셍

저 사람은 (유명, 친절)하지 않습니다.

109

# とても奇麗<sup>きれい</sup>でした。
## 매우 깨끗했습니다

 新<sup>あたら</sup>しい学校<sup>がっこう</sup>、奇麗<sup>きれい</sup>でしたか。 새 학교, 깨끗했습니까?

아타라시- 각코-, 키레이데시타까

 はい、とても奇麗<sup>きれい</sup>でした。 네, 매우 깨끗했습니다.

하이, 토테모 키레이데시따

 先生<sup>せんせい</sup>はどうでしたか。 선생님은 어떠했습니까?

센세이와 도-데시타까

 親切<sup>しんせつ</sup>でしたよ。 친절했어요.

신세츠데시타요

先生はどう
でしたか。

親切でした。

110

## 일본 회화 문법을 자세하고 친절하게 분석하기

### 대화에 쓰인 문법 해설을 알아보아요!

● 형용동사 ~でした

일본어 형용동사의 정중어인 です의 과거형은 でした가 된다. 즉 형용동사의 어간에 でした를 접속하면 ~했습니다의 뜻이 된다. 이처럼 일본어 형용동사는 명사에 접속하여 단정을 나타내는 だ나 です와 동일하게 활용을 하지만 체언을 수식하는 점에서만 다르다.

| 기본형 | 정중형 | 과거형 |
|---|---|---|
| 静(しず)かだ 조용하다<br>奇麗(きれい)だ 깨끗하다 | 静(しず)かです 조용합니다<br>奇麗(きれい)です 깨끗합니다 | 静(しず)かでした 조용했습니다<br>奇麗(きれい)でした 깨끗했습니다 |

### 일본에서는 이런 표기법을 써요!

● ~でしたか / よ

です의 과거형인 でした에 종조사 か를 접속하면 의문이나 질문을 나타내고, よ를 붙여 쓰면 완곡한 단정이 된다.

핵심
단어

- 新(あたら)しい 새롭다
- 学校(がっこう) 학교
- 先生(せんせい) 선생님
- 親切(しんせつ)だ 친절하다

표현 더하기

あの 人(ひと)は 昔(むかし) (有名(ゆうめい)、親切(しんせつ))でした。

아노 히토와 무카시 (유-메이, 신세츠)데시따

저 사람은 옛날에 (유명, 친절)했습니다.

# UNIT 30
## 静かではありませんでした。
**조용하지 않습니다**

 びじゅつかん しず
**美術館は静かでしたか。** 미술관은 조용했습니까?

비쥬츠캉와 시즈카데시타까

 まえ しず
**いいえ、前は静かでしたが、** 아니오, 전에는 조용했습니다만

이-에, 마에와 시즈카데시타가

きょう しず
**今日は静かではありませんでした。** 오늘은 조용하지 않았습니다.

쿄-와 시즈카데와 아리마센데시따

 ざんねん
**それは残念ですね。** 그거 유감이군요.

소레와 잔넨데스네

## 일본 회화 문법을 자세하고 친절하게 분석하기

### 대화에 쓰인 문법 해설을 알아보아요!

● ~では ありませんでした

형용동사의 정중한 부정형인 では ありません의 과거형은 では ありませんでした이다. 즉, では ありません에 では의 과거형인 でした를 접속하면 된다. 회화체에서는 じゃ ありませんでした로도 쓰인다.

| 기본형 | 정중형 | 부정형 | 과거형 |
|--------|--------|--------|--------|
| 静(しず)かだ<br><br>조용하다 | 静(しず)かです<br><br>조용합니다 | 静(しず)かではありません<br><br>조용하지 않습니다 | 静(しず)かではありません<br>でした<br>조용하지 않았습니다 |

### 일본에서는 이런 표기법을 써요!

● 때를 나타내는 조사 に

일본어의 조사 중에 때를 나타낼 때 쓰이는 조사는 に이다. 이 때는 ~에로 해석한다.

핵심
단어

- 美術館(びじゅつかん) 미술관
- 前(まえ) 전, 앞
- 静(しず)かだ 조용하다
- 残念(ざんねん)だ 유감이다

표현 더하기

前は (静か、奇麗)では ありませんでした。
まえ　　しず　　きれい

마에와 (시즈카, 키레이) 데와 아리마센데시따

전에는 (조용, 깨끗)하지 않았습니다.

## ● ~は ~だ　~은 ~하다

あの選手<sub>せんしゅ</sub>はとても有名<sub>ゆうめい</sub>だ。

저 선수는 매우 유명하다.

彼女<sub>かのじょ</sub>のテーブルはいつも奇麗<sub>きれい</sub>だ。

그녀의 테이블은 항상 깨끗하다.

僕<sub>ぼく</sub>の会社<sub>かいしゃ</sub>は交通<sub>こうつう</sub>が便利<sub>べんり</sub>だ。

우리 회사는 교통이 편리하다.

## ● ~は ~です　~은 ~ㅂ니다

この魚<sub>さかな</sub>はとても新鮮<sub>しんせん</sub>です。

이 생선은 매우 신선합니다.

山<sub>やま</sub>の空気<sub>くうき</sub>はとても奇麗<sub>きれい</sub>です。

산의 공기는 매우 깨끗합니다.

このホテルの人<sub>ひと</sub>はとても親切<sub>しんせつ</sub>です。

이 호텔 사람은 매우 친절합니다.

## ● ~な + 명사　~한 ~

あの人<sub>ひと</sub>は有名<sub>ゆうめい</sub>な歌手<sub>かしゅ</sub>です。

저 사람은 유명한 가수입니다.

これは私<sub>わたし</sub>に必要<sub>ひつよう</sub>な物<sub>もの</sub>です。

이것은 나에게 필요한 것입니다.

ここはかなり静<sub>しず</sub>かな公園<sub>こうえん</sub>ですね。

여기는 상당히 조용한 공원이군요.

このスーパーはあまり奇麗ではない。

이 슈퍼는 그다지 깨끗하지 않다.

この料理はあまり好きではないです。

이 요리는 그다지 좋아하지 않습니다.

あの学生はあまり真面目ではありません。

저 학생은 그다지 착실하지 않습니다.

昔、彼女はとても奇麗でした。

옛날에 그녀는 무척 예뻤습니다.

昔、彼はとても健康でした。

옛날에 그는 매우 건강했습니다.

昔、ここはとても不便でした。

옛날에 여기는 매우 불편했습니다.

あの人は有名ではありませんでした。

저 사람은 유명하지 않았습니다.

彼はあまり親切ではありませんでした。

그는 그다지 친절하지 않았습니다.

昔、ここは賑やかではありませんでした。

옛날에 여기는 붐비지 않았습니다.

## 앞에서 배운 내용 다시 확인하기

1. 다음 단어를 한글은 일본어로, 일본어는 한글로 써 보세요.

- 残念(ざんねん) _____

- 新(あたら)しい _____

- ちょっと _____

- 先生(せんせい) _____

- 깨끗하다 _____

- 친절하다 _____

- 예쁜 _____

- 조용하다 _____

2. 다음 해석을 참고하여 일본어 문장을 완성하세요.

- 조용한 공원입니까?

_____ な公園(こうえん)ですか。

- 선생님은 친절했습니다.

先生(せんせい)は親切(しんせつ) _____ 。

- 미술관은 조용했습니까?

美術館(びじゅつかん)は _____ か。

- 그거 유감이군요.

それは _____ 。

116

# STEP 6

## UNIT 31-36

# 僕のじゃないよ。

## 내 것이 아니야

 これ、誰の。 이거 누구거야?

코레, 다레노

 さあ、僕のじゃないよ。たぶん吉村のだよ。

사ー, 보쿠노쟈 나이요. 타붕 요시무라노다요

글쎄, 내 것이 아냐. 아마 요시무라 것일 거야.

 ああ、そう。 아,그래.

아ー, 소ー

## 일본 회화 문법을 자세하고 친절하게 분석하기

### 대화에 쓰인 문법 해설을 알아보아요!

● 명사 + だ

だ는 앞서 배운 정중한 단정을 나타내는 です의 보통체로 우리말의 ~이다에 해당한다. 회화체에서 많이 쓰이며, 문장체에서는 である를 주로 쓴다. 형용동사의 어미 だ와 동일하지만 의미가 다르다.

● 명사 + では ない

단정을 나타내는 だ의 부정형은 では ない이다. 보통 회화체에서는 では를 じゃ로 줄여서 じゃ ない로 쓴다.

### 일본에서는 이런 표기법을 써요!

● 조사 の의 용법

조사 の는 명사 대용으로 쓰일 때는 ~의 것이라는 뜻을 나타내지만, 문장 끝말에 종조사로 쓰일 때는 가벼운 질문을 나타낸다.

핵심
단어

- 誰(だれ) 누구
- ~じゃない ~이(가)아니다
- そう 그래, 그렇게
- さあ 글쎄
- たぶん 아마, 필시
- 僕(ぼく) 나

표현 더하기

# これは (ワープロ、電卓(でんたく))だ / では ない。

코레와 (와-뿌로, 덴타쿠)다 / 데와 나이

이것은 (워드프로세서, 전자계산기)이다 / 가 아니다.

# うん、六千円だったよ。

## 응, 6천엔이었어

 その黒い靴、六千円だった。 그 검정구두, 6천엔이었니?

소노 쿠로이 쿠츠, 로쿠셍엔닷따

 うん、六千円だったよ。 응, 6천엔이었어.

웅, 로쿠셍엔닷타요

 その小さい傘、三千円だった。 그 작은 우산, 3천엔이었니?

소노 치이사이 카사, 산젱엔닷따

 ううん、三千円じゃ、なかったよ。 응, 3천엔이 아니었어.

우웅, 산젱엔쟈, 나캇타요

## 일본 회화 문법을 자세하고 친절하게 분석하기

### 대화에 쓰인 문법 해설을 알아보아요!

● 명사 + だった

단정을 나타내는 だ의 과거형은 だった이다. 우리말의 ~이었다에 해당하며, です의 과거형인 でした의 보통체이다. 또한 だった에 です를 접속하면 でした와 동일한 의미가 된다.

● 명사 + では なかっだ

단정을 나타내는 だ의 부정형은 では ない이다. 이 では ない의 과거형은 では なかった이다. 줄여서 じゃ なかった라고 쓰며, 여기에 です를 접속하면 では ありませんでした와 같은 뜻이 된다.

### 일본에서는 이런 표기법을 써요!

● 의문조사가 없을 때

본문에서처럼 회화체에서 의문이나 질문을 나타내는 종조사가 없을 때는 문(文) 끝을 올려서 발음해 의문형을 표현한다.

---

**핵심 단어**

- 黒(くろ)い 검다
- 三千円(さんぜんえん) 3천엔
- 靴(くつ) 구두
- 小(ちい)さい 작다
- 傘(かさ) 우산

---

**표현 더하기**

きのうは (日曜日、十日)だった。/ では なかった。

키노-와 (니치요-비, 토-카)닷타 / 데와 나캇타

어제는 (일요일, 10일)이었다 / 이 아니었다.

121

## UNIT 33
# とっても面白かったよ。
**매우 재미있었어**

 **ソウル、どうだった。** 서울, 어땠어?
소우루, 도–닷따

 **とっても面白かったよ。** 무척 재미있었어.
톳떼모 오모시로 캇타요

 **寒くなかった。** 춥지 않았어?
사무쿠 나캇따

 **うん、あまり寒くなかったよ。** 응, 별로 춥지 않았어.
웅, 암마리 사무쿠 나캇타요

## 일본 회화 문법을 자세하고 친절하게 분석하기

### 대화에 쓰인 문법 해설을 알아보아요!

● 형용사 + かった
형용사의 과거형은 어미 い를 かっ으로 바꾸고 과거완료를 나타내는 조동사 た를 접속한 かった의 형태를 취한다.

● 형용사 + くなかった
형용사의 부정형은 어미 い를 く로 바꾸어 부정어 ない를 접속한 くない의 형태를 취한다. ない는 부정어로 쓰이지만 본래 없다라는 뜻의 형용사로 활용은 형용사와 마찬가지이다. 따라서 부정형인 くない의 과거형은 くなかった가 된다.

### 일본에서는 이런 표기법을 써요!

● 형용사의 정중한 과거형
형용사의 정중한 과거형은 かったです의 형태이다. 기본형에 でした를 접속하여 쓰지 않으므로 주의할 것.

핵심
단어

- 面白(おもしろ)い 재미있다
- 寒(さむ)い 춥다
- あまり 별로, 그다지
- とっても 무척, 매우

---

표현 더하기

試験<sup>しけん</sup>は (難し<sup>むずか</sup>、易し<sup>やさ</sup>)かった。/ くなかった。

시켄와 (무즈카시, 야사시) 캇타 / 쿠나캇따

시험은 (어려, 쉬)웠다 / (어렵, 쉽)지 않았다.

123

# UNIT 34

## ホテル、奇麗だった。

### 호텔은 깨끗했어?

**新しいホテル、奇麗だった。** 새 호텔, 깨끗했어?

아타라시- 호테루, 키레이닷따

**うん、とっても。** 응, 무척.

웅, 톳테모

**ホテルの人は。** 호텔 사람은?

호테루노 히토와

**あんまり親切じゃなかったよ。** 별로 친절하지 않았어.

암마리 신세츠쟈 나캇타요

## 일본 회화 문법을 자세하고 친절하게 분석하기

### 대화에 쓰인 문법 해설을 알아보아요!

● 형용동사 + だった

형용동사의 과거형은 단정을 나타내는 だ의 과거형인 だった와 마찬가지로 어미를 だ로 だった로 바꾸면 된다. 정중하게 표현할 때는 과거형에 です를 접속하면 된다. 즉, だったです는 でした와 동일한 의미가 된다.

● 형용동사 + では なかっだ

형용동사의 부정형인 では ない의 과거형은 では なかった이다. 또한 과거형에 です를 접속하면 정중체인 では ありませんでした와 같은 의미가 되며, 회화체에서는 じゃ なかった로도 쓴다.

### 일본에서는 이런 표기법을 써요!

● 일본어의 억양

일본어에는 3가지 종류의 억양이 있다. 평탄(→), 상승(↗), 하강(↘)인데, 질문은 상승이고, 그 밖의 문장은 평탄하게 말하는 경우가 많으나, 동의나 실망 등의 감정을 나타낼 때는 하강하는 예도 있다.

핵심
단어

- 新(あたら)しい 새롭다
- 人(ひと) 사람
- ホテル 호텔
- 親切(しんせつ) 친절

표현 더하기

かれは (真面目(まじめ)、元気(げんき))だった。/ では なかった。

카레와 (마지메, 겡키)닷타 / 데와 나캇따

그는 (착실, 건강)했다 / 하지 않았다.

# UNIT 35

## 僕も好きだが。

### 나도 좋아하는데

 アイスクリーム、好き。 아이스크림, 좋아해?

아이스쿠리-무, 스키

 うん、好き。君は。 응, 좋아해. 너는?

웅, 스키. 키미와

 僕も好きだが、コーラがもっと好きだよ。

보쿠모 스키다가, 코-라가 못토 스키다요

나도 좋아하지만, 콜라를 더 좋아해.

うん、そう。 응, 그래.

웅, 소-

## 일본 회화 문법을 자세하고 친절하게 분석하기

### 대화에 쓰인 문법 해설을 알아보아요!

● 접속조사 が

조사 が는 주격조사로 쓰일 때는 ~이(가)의 뜻이지만, 접속조사로 쓰일 때는 ~하지만, ~는데의 뜻으로 두 개의 문(文)을 이어주는 역할을 한다.

● ~がすきだ(きらいだ)

우리말의 ~을(를) 좋아한다 / 싫어한다는 일본어 표현에서 그 대상이 되는 조사 が가 온다. 우리말로 직역하여 조사 를 쓰지 않도록 주의할 것.

### 일본에서는 이런 표기법을 써요!

● 일본어의 긍정표현

はい(네)와 같은 의미로 회화체에서 많이 쓰이는 긍정과 승낙의 대답으로 ええ가 있다. 이때 발음은 한 음절을 길게 늘이는 장음을 써 에-라고 읽는다.

핵심
단어

- **アイスクリーム** 아이스크림
- **君(きみ)** 너, 자네
- **好(す)きだ** 좋아하다
- **コーラ** 콜라
- **もっと** 더, 더욱

표현 더하기

### 私は パンは 好きですが、肉は 嫌いです。

와타시와 팡와 스키데스가, 니쿠와 키라이데스

나는 빵은 좋아합니다만, 고기는 싫어합니다.

## UNIT 36

<ruby>方<rt>ほう</rt></ruby>

# どちらの方が上手ですか。
어느 쪽을 잘합니까?

 ギターとピアノとどちらの<ruby>方<rt>ほう</rt></ruby>が<ruby>上手<rt>じょうず</rt></ruby>ですか。

기타-토 피아노토 도치라노 호-가 죠-즈데스까

기타와 피아노 중 어느 쪽을 잘합니까?

 ギターの<ruby>方<rt>ほう</rt></ruby>がピアノより<ruby>上手<rt>じょうず</rt></ruby>です。

기타-노 호-가 피아노요리 죠-즈데스

기타를 피아노보다 잘 칩니다.

## 일본 회화 문법을 자세하고 친절하게 분석하기

### 대화에 쓰인 문법 해설을 알아보아요!

● 비교의 표현

より는 어떤 동작이나 상태를 다른 것과 비교할 때 쓰이는 조사로 우리말의 ~보다에 해당한다. 일본어에서 비교의 표현을 보면 다음과 같다.

| 질문 | ~と ~と どちらの 方(ほう)が ~ですか<br>~과 ~과 어느쪽이 ~ㅂ니까? |
|------|-----------------------------------|
| 대답 | ~の 方(ほう)が ~より ~です<br>~의 쪽이 ~보다 ~ㅂ니다 |

### 일본에서는 이런 표기법을 써요!

● ~は ~ほど ~ではない

비교문에서 부정을 할 때는 정도를 나타내는 ほど를 접속하여 문형을 만든다. 이 때는 ~만큼, 정도의 뜻이다.

例 彼は私ほど金持ちではない。 그는 나만큼 부자가 아니다.

핵심
단어

- ギター 기타
- ピアノ 피아노
- 上手(じょうず)だ 능숙하다, 잘한다
- ~より ~보다
- 方(ほう) 쪽, 편

표현 더하기

私は スカート より ズボンが 便利です。

와타시와 스카-토 요리 즈봉가 벤리데스

저는 치마보다 바지가 편합니다.

● **명사 ~だ / では ない**　~이다 / ~이(가) 아니다　문형연습 ❶

あの人は有名な歌手だ。

저 사람은 유명한 가수이다.

彼はこの会社の社員では(じゃ)ない。

그는 이 회사의 사원이 아니다.

明日から楽しい夏休みだ。

내일부터 즐거운 여름방학이다.


● **명사 ~だった / では なかった**　~이었다 / 이(가) 아니었다　문형연습 ❷

この公園は前は広場だった。

이 공원은 전에는 광장이었다.

彼は去年までは会社の社長だった。

그는 작년까지는 회사의 사장이었다.

彼女は前は先生ではなかった。

그녀는 전에는 선생이 아니었다.


● **형용사 ~かった / くなかった**　~했다 / 하지 않았다　문형연습 ❸

昨日の試験は本当に難しかった。

어제 시험은 정말로 어려웠다.

去年の冬はとても寒かったです。

작년 겨울은 매우 추웠습니다.

昨夜のドラマは面白くなかった。

어젯밤 드라마는 재미없었다.

130

昔、あの選手は有名だった。

옛날에 저 선수는 유명했다.

これは私に必要だった物です。

이것은 나에게 필요했던 것입니다.

昔、あの人は真面目ではなかった。

옛날에 저 사람은 착실하지 않았다.

彼女は学生だが、僕は会社員だ。

그녀는 학생이지만, 나는 회사원이다.

僕はパンが好きだが、彼は魚が好きだ。

나는 빵을 좋아하지만, 그는 생선을 좋아한다.

ソウルは物価が高いですが、ここは安いです。

서울은 물가가 비싸지만, 여기는 쌉니다.

夏と冬とどちらの方が好きですか。

여름과 겨울 중 어느 쪽을 좋아합니까?

鉛筆の方がペンより長いです。

연필이 펜보다 깁니다.

彼は彼女ほど背が高くありません。

그는 그녀만큼 키가 크지 않습니다.

## 앞에서 배운 내용 다시 확인하기

1. 다음 해석을 참고하여 알맞은 문장을 고르세요.

- 彼は元気 ＿＿＿＿＿＿＿ 。　그는 건강했었다.

  ❶ です　　　❷ かった　　　❸ だった　　　❹ くなかった

- 試験は難し易し ＿＿＿＿＿＿ 。　시험은 어려웠다.

  ❶ だった　　　❷ です　　　❸ くなかった　　　❹ かった

- 私はスカート ＿＿＿＿＿＿ ズボンが便利です。　저는 치마보다 바지가 편합니다.

  ❶ より　　　❷ で　　　❸ の　　　❹ が

2. 주어진 단어를 이용하여 일본어 문장을 완성해 보세요.

- 옛날에 저 선수는 유명했다.

  昔、あの選手は ＿＿＿＿＿ だった。 (有名)

- 이 공원은 전에는 광장이었다.

  この公園は以前は ＿＿＿＿＿ だった。 (広)

- 작년 겨울은 매우 추웠습니다.

  去年の冬はとても ＿＿＿＿＿ かったです。 (寒い)

- 그녀는 전에는 선생이 아니었다.

  彼女は前は ＿＿＿＿＿ 。 (先生)

132

# STEP 7

## UNIT 37-42

## 동사에 대해 알아보기

### ❶ 일본어 동사의 정의

일본어 동사는 단독으로 술어가 되고, 사물의 동작·작용·상태·존재 등을 나타내며, 어미가 다른 여러 가지 말에 접속할 때 활용을 한다.

### ❷ 일본어 동사의 특징

① 일본어 동사는 우리말과 달리 의미로 구분하지 않고 어미의 형태로 구분한다.

② 일본어 동사의 모든 어미는 う단(う·く·ぐ·す·つ·ぬ·ぶ·む·る)으로 9가지 형태가 있다.

| 段＼行 | あ行 | か行 | が行 | さ行 | た行 | な行 | ば行 | ま行 | ら行 |
|---|---|---|---|---|---|---|---|---|---|
| あ段 | あ | か | が | さ | た | な | ば | ま | ら |
| い段 | い | き | ぎ | し | ち | に | び | み | り |
| う段 | う | く | ぐ | す | つ | ぬ | ぶ | む | る |
| え段 | え | け | げ | せ | て | ね | べ | め | れ |
| お段 | お | こ | ご | そ | と | の | ぼ | も | ろ |

③ 불규칙으로 활용을 하는 동사는 くる(오다)와 する(하다) 두 개뿐이다.

④ 자동사와 타동사가 따로 분리되어 있다. (예외적으로 한 단어에 자·타동사의 두 가지 의미가 포함되어 있는 것도 있다.)

### ❸ 일본어 동사의 종류

• 5단활용동사(5段活用動詞)

「5단동사」라고도 하며 기본형의 어미가 る가 아닌 것, 즉 「う·く·ぐ·す·つ·ぬ·ぶ·む」인 것은 모두 5단활용동사이다.

예　言(い)う 말하다　　　行(い)く 가다　　　泳(およ)ぐ 헤엄치다　　　呼(よ)ぶ 부르다

　　話(はな)す 이야기하다　待(ま)つ 기다리다　死(し)ぬ 죽다　　　飲(の)む 마시다

단, 어미가 る일지라도 る 바로 앞 음절이 い단(い·き·ぎ·し·ち·に·び·み·り)과 え단(え·け·げ·せ·て·ね·べ·め·れ)이 아닌 것은 5단 동사이다.

예 有(あ)る 있다　　乗(の)る 타다　　掛(か)かる 걸리다 등

- 상1단활용동사(上一段活用動詞)

「상1단동사」라고도 하며, 5단동사와는 달리 어미가 반드시 る이며, 어미 바로 앞의 음절이 い단(い·き·ぎ·し·ち·に·び·み·り)에 속한 것을 말한다.

예 居(い)る 있다　　見(み)る 보다　　起(お)きる 일어나다 등

- 하1단활용동사(下一段活用動詞)

「하1단동사」라고도 하며, 어미가 바로 る로 끝나며, 어미 바로 앞 음절이 え단(え·け·げ·せ·て·ね·べ·め·れ)에 속한 것을 말한다.

예 寝(ね)る 자다　　食(た)べる 먹다　　開(あ)ける 열다 등

- 변격활용동사(変格活用動詞)

일본어 동사는 거의 변격활용을 하지 않고 정격활용을 한다. 그러나 예외적으로 来(く)る 오다와 する 하다는 뒤에 접속하는 말에 따라 어간도 변하고 어미도 각기 다른 형태로 변한다.

※ 간편하게 5단활용동사를 1그룹동사, 상1단활용동사, 하1단활용동사를 2그룹동사, 변격활용동사를 3그룹 동사(불규칙동사)라고 부르기도 한다.

はがき    か
葉書を書きますか。 엽서를 씁니까?

하가키오 카키마스까

はい、葉書を書きます。 네, 엽서를 씁니다.

하이, 하가키오 카키마스

およ
どこで泳ぎますか。 어디에서 헤엄칩니까?

도코데 오요기마스까

うみ  およ
海で泳ぎます。 바다에서 헤엄칩니다.

우미데 오요기마스

葉書を書
きますか。

はい、葉書を
書きます。

## 일본 회화 문법을 자세하고 친절하게 분석하기

### 대화에 쓰인 문법 해설을 알아보아요!

● ~き・ぎ・します

어미가 く・ぐ・す로 끝나는 5단동사에 ます가 접속할 때는 어미가 い단(き・ぎ・し)으로 변한다. ます는 단정을 나타내는 です와 마찬가지로 정중체이다. 즉, 우리말의 ~ㅂ니다에 해당한다.

| 기본형 | 의미 | 정중형 | 의미 |
|---|---|---|---|
| 書(か)く | 쓰다 | 書(か)きます | 씁니다 |
| 行(い)く | 가다 | 行(い)きます | 갑니다 |
| 泳(およ)ぐ | 헤엄치다 | 泳(およ)ぎます | 헤엄칩니다 |
| 話(はな)す | 이야기하다 | 話(はな)します | 이야기합니다 |

### 일본에서는 이런 표기법을 써요!

● 조사 を의 용법

우리말의 ~을, 를에 해당하는 조사로 동작의 목적을 나타내며, 조사로만 쓰인다.

**핵심 단어**

- 葉書(はがき) 엽서
- 泳(およ)ぐ 헤엄치다
- ~を ~을, 를
- 海(うみ) 바다
- 書(か)く ~쓰다, 적다
- ~で ~에서

**표현 더하기**

今(いま)、ラジオの ニュースを 聞(き)きます。

이마, 라지오노 뉴-스오 키키마스

지금 라디오 뉴스를 듣습니다.

# タクシーを待ちます。

**택시를 기다립니다**

 タクシーを待ちますか。 택시를 기다립니까?

타쿠시-오 마치마스까

はい、タクシーを待ちます。 네, 택시를 기다립니다.

하이, 타쿠시-오 마치마스

 バスに乗りますか。 버스를 탑니까?

바스니 노리마스까

 はい、バスに乗ります。 네, 버스를 탑니다.

하이, 바스니 노리마스

138

## 일본 회화 문법을 자세하고 친절하게 분석하기

### 대화에 쓰인 문법 해설을 알아보아요!

● ~い・ち・ります

어미가 う・つ・る로 끝나는 5단동사에 ます가 접속할 때는 어미가 い단(い・ち・り)으로 변한다. 동사가 る로 끝나도 る앞에 글자가 あ단, う단, お단에 해당하면 5단 동사에 해당한다. ます는 단정을 나타내는 です와 마찬가지로 정중체이다. 즉, 우리말의 ~ㅂ니다에 해당한다.

| 기본형 | 의미 | 정중형 | 의미 |
|---|---|---|---|
| 言(い)う | 말하다 | 言(い)います | 말합니다 |
| 歌(うた)う | 노래하다 | 歌(うた)います | 노래합니다 |
| 待(ま)つ | 기다리다 | 待(ま)ちます | 기다립니다 |
| 乗(の)る | 타다 | 乗(の)ります | 탑니다 |

### 일본에서는 이런 표기법을 써요!

● ~に のる

타는 대상물 앞에 우리는 조사 ~을, 를을 쓰지만, 일본어에서는 반드시 に로 쓴다. 그러나 해석은 ~을 타다로 한다.

핵심
단어

- タクシー 택시　　• バス 버스　　• 歌(うた)う 노래하다
- 待(ま)つ 기다리다　　• 乗(の)る 타다

표현 더하기

日本語(にほんご)の 歌(うた)を 歌(うた)います。

니홍고노 우타오 우타이마스

일본어 노래를 부릅니다.

# 机を運びます。
<ruby>机<rt>つくえ</rt></ruby>を<ruby>運<rt>はこ</rt></ruby>びます。

## 책상을 나릅니다

 <ruby>机<rt>つくえ</rt></ruby>を<ruby>運<rt>はこ</rt></ruby>びますか。 책상을 나릅니까?

츠쿠에오 하코비마스까

 はい、<ruby>机<rt>つくえ</rt></ruby>を<ruby>運<rt>はこ</rt></ruby>びます。 네, 책상을 나릅니다.

하이, 츠쿠에오 하코비마스

 お<ruby>酒<rt>さけ</rt></ruby>はどこで<ruby>飲<rt>の</rt></ruby>みますか。 술은 어디서 마십니까?

오사케와 도코데 노미마스까

 いつもうちで<ruby>飲<rt>の</rt></ruby>みます。 항상 집에서 마십니다.

이츠모 우치데 노미마스

## 대화에 쓰인 문법 해설을 알아보아요!

● ~に・み・びます

어미가 ぬ・む・ぶ로 끝나는 5단동사에 ます가 접속할 때는 어미가 い단(に・み・び)으로 변한다. ます는 단정을 나타내는 です와 마찬가지로 정중체이다. 즉, 우리말의 ~ㅂ니다에 해당한다.

| 기본형 | 의미 | 정중형 | 의미 |
|---|---|---|---|
| 死(し)ぬ | 죽다 | 死(し)にます | 죽습니다 |
| 読(よ)む | 읽다 | 読(よ)みます | 읽습니다 |
| 飲(の)む | 마시다 | 飲(の)みます | 마십니다 |
| 運(はこ)ぶ | 나르다 | 運(はこ)びます | 나릅니다 |

## 일본에서는 이런 표기법을 써요!

● 조사 で의 용법

で는 여러 가지 용법으로 쓰이는 조사로, 본문에서는 ~에서의 뜻으로 동작이 행해지는 장소를 나타내는 용법이다.

핵심단어

- 机(つくえ) 책상
- いつも 언제나, 늘
- 飲(の)む 마시다
- 運(はこ)ぶ 나르다, 운반하다
- 読(よ)む 읽다

표현 더하기

私(わたし)は 図書館(としょかん)で いつも 本(ほん)を 読(よ)みます。

와타시와 토쇼칸데 이츠모 홍오 요미마스

저는 도서관에서 항상 책을 읽습니다.

## UNIT 40 テレビを見ます。
テ레비전을 봅니다

 テレビを見ますか。 텔레비전을 봅니까?
텔레비오 미마스까

 はい、テレビを見ます。 네, 텔레비전을 봅니다.
하이, 텔레비오 미마스

 何時に起きますか。 몇 시에 일어납니까?
난지니 오키마스까

 七詩に起きます。 7시에 일어납니다.
시치지니 오키마스

## 대화에 쓰인 문법 해설을 알아보아요!

● 상1단동사 ~ます

어미 る바로 앞 음절이 い단(い·き·ぎ·し·ち·に·び·み·り)에 속한 동사를 상1단동사라고 하는데 ます가 접속할 때는 어미 る가 탈락된다. ます는 단정을 나타내는 です와 마찬가지로 정중체이다.

| 기본형 | 의미 | 정중형 | 의미 |
|---|---|---|---|
| 見(み)る | 보다 | 見(み)ます | 봅니다 |
| 起(お)きる | 일어나다 | 起(お)きます | 일어납니다 |
| 落(お)ちる | 떨어지다 | 落(お)ちます | 떨어집니다 |

## 일본에서는 이런 표기법을 써요!

● 조사 に의 용법

존재하는 장소를 나타낼 뿐만 아니라, 시간을 나타낼 때도 쓰인다. 우리말의 ~에, 에서에 해당한다.

핵심
단어

- テレビ 텔레비전
- 見(み)る 보다
- 起(お)きる 일어나다
- 七時(しちじ) 7시
- ~に ~에
- 何時(なんじ) 몇 시

표현 더하기

夜(よる)は テレビの ドラマを 見(み)ます。

요루와 텔레비노 도라마오 미마스

밤에는 텔레비전 드라마를 봅니다.

## UNIT 41 | 箸<ruby>はし</ruby>で食<ruby>た</ruby>べます。
### 젓가락으로 먹습니다

 ご飯<ruby>はん</ruby>はお箸<ruby>はし</ruby>で食<ruby>た</ruby>べますか。 밥은 젓가락으로 먹습니까?

고항와 오하시데 타베마스까

 はい、箸<ruby>はし</ruby>で食<ruby>た</ruby>べます。 네, 젓가락으로 먹습니다.

하이, 하시데 타베마스

 毎日<ruby>まいにち</ruby>何時<ruby>なんじ</ruby>に寝<ruby>ね</ruby>ますか。 매일 몇 시에 잡니까?

마이니치 난지니 네마스까

 毎日<ruby>まいにち</ruby>十二時<ruby>じゅうにじ</ruby>に寝<ruby>ね</ruby>ます。 매일 12시에 잡니다.

마이니치 쥬-니지니 네마스

144

## 대화에 쓰인 문법 해설을 알아보아요!

● 하1단동사 ~ます

어미 る바로 앞 음절이 え단(え・け・げ・せ・て・ね・べ・め・れ)에 속한 동사를 하1단동사라고 하는데 ます와 접속할 때는 어미 る가 탈락된다. ます는 단정을 나타내는 です와 마찬가지로 정중체이다.

| 기본형 | 의미 | 정중형 | 의미 |
|--------|------|--------|------|
| 寝(ね)る | 자다 | 寝(ね)ます | 잡니다 |
| 食(た)べる | 먹다 | 食(た)べます | 먹습니다 |
| 建(た)てる | 세우다 | 建(た)てます | 세웁니다 |

## 일본에서는 이런 표기법을 써요!

● ~で

본문의 조사 では 수단이나 재료를 나타내는 용법으로 우리말의 ~으로에 해당한다.

핵심
단어

• 毎日(まいにち) 매일    • 箸(はし) 젓가락    • 寝(ね)る 자다
• ~で ~으로    • ご飯(はん) 밥    • 食(た)べる 먹다

표현 더하기

朝(あさ)は 美味(おい)しい パンを 食(た)べます。

아사와 오이시- 팡오 타베마스

아침에는 맛있는 빵을 먹습니다.

145

 ここへ誰が来ますか。 여기에 누가 옵니까?

코코에 다레가 키마스까

 金先生が来ます。 김 선생님이 옵니다.

키무센세이가 키마스

 何をしますか。 무엇을 하겠습니까?

나니오 시마스까

 テニスをします。 테니스를 치겠습니다.

테니스오 시마스

## 일본 회화 문법을 자세하고 친절하게 분석하기

### 대화에 쓰인 문법 해설을 알아보아요!

● 변격동사 + ~ます

어미에 다른 말이 접속할 때 정격동사는 어간이 변하지 않지만, 변격동사인 くる와 する가 ます와 접속할 때는 어미 る가 탈락하고, 어간이 き와 し로 변한다. 예외적인 활용을 하는 변격동사는 2개 밖에 없으니 잘 암기하자.

| 기본형 | 의미 | 정중형 | 의미 |
|---|---|---|---|
| 来(く)る<br>する | 오다<br>하다 | 来(き)ます<br>します | 옵니다<br>합니다 |

### 일본에서는 이런 표기법을 써요!

● 조사 へ의 용법

へ는 방향을 나타낼 때 쓰이는 조사로 우리말의 ~에, 으로에 해당한다. へ가 조사로 쓰일 때는 헤(he)로 발음하지 않고 에(e)로 발음한다.

핵심
단어

- 誰(だれ) 누구
- する 하다
- 来(く)る 오다
- テニス 테니스

표현 더하기

わたし　まいにち　べんきょう
私は 毎日 勉強 を します。

와타시와 마이니치 벵꾜-오 시마스

저는 매일 공부를 합니다.

● **~き・ぎ・します** ~ㅂ니다

毎日ラジオを聞きます。 聞(き)く

매일 라디오를 듣습니다.

毎朝靴を磨きます。 磨(みが)く

매일 아침 구두를 닦습니다.

友達に葉書を出します。 出(だ)す

친구에게 엽서를 부칩니다.

● **~い・ち・ります** ~ㅂ니다

デパートで財布を買います。 買(か)う

백화점에서 지갑을 삽니다.

速いスピードでワープロを打ちます。 打(う)つ

빠른 속도로 워드프로세서를 칩니다.

郵便局で小包を送ります。 送(おく)る

우체국에서 소포를 보냅니다.

● **~に・み・びます** ~ㅂ니다

人間はいつかは死にます。 死(し)ぬ

인간은 언젠가는 죽습니다.

私は毎朝新聞を読みます。 読(よ)む

저는 매일 아침 신문을 읽습니다.

大きな声で子供を呼びます。 呼(よ)ぶ

큰 소리로 어린이를 부릅니다.

## ● 상1단동사 ～ます　～ㅂ니다

新しい洋服を着ます。 着(き)る

새 양복을 입습니다.

駅から近いアパートを借ります。 借(か)りる

역에서 가까운 아파트를 빌립니다.

あなたは何時に起きますか。 起(お)きる

당신은 몇 시에 일어납니까?

## ● 하1단동사 ～ます　～ㅂ니다

私は夜遅く寝ます。 寝(ね)る

저는 밤늦게 잡니다.

父は朝早く出かけます。 出(で)かける

아버지는 아침일찍 나갑니다.

箸でご飯を食べます。 食(た)べる

젓가락으로 밥을 먹습니다.

## ● 변격동사 / きます・します

明日ソウルから先生が来ます。 来(く)る

내일 서울에서 선생님이 옵니다.

日曜日は友達とゴルフをします。 する

일요일에는 친구와 골프를 칩니다.

吉田さんはいつ来ますか。 来(く)る

요시다 씨는 언제 옵니까?

앞에서 배운 내용 다시 확인하기

1. 다음 본문을 참고하여 단어에 ます를 붙여보세요.

- 聞(き)く 듣다 _____
- 起(お)きる 일어나다 _____
- 読(よ)む 읽다 _____
- 買(か)う 사다 _____

- 寝(ね)る 자다 _____
- 来(く)る 오다 _____
- 死(し)ぬ 죽다 _____
- 食(た)べる 먹다 _____

2. 다음 해석을 참고하여 일본어 문장을 완성하세요.

- 당신은 몇 시에 일어납니까?

  あなたは何時(なんじ)に _____ 。 起(お)きる

- 책상을 나릅니까?

  机(つくえ)を _____ 。 運(はこ)ぶ

- 백화점에서 지갑을 삽니다

  デパートで財布(さいふ)を _____ 。 買(か)う

- 일요일에는 친구와 골프를 칩니다.

  日曜日(にちようび)は友達(ともだち)とゴルフを _____ 。 する

# STEP 8
## UNIT 43-48

# UNIT 43

## うん、飲むよ。

### 응, 마실게

コーヒー、飲む。 커피,마실래?

코-히-, 노무

うん、飲むよ。 응,마실래.

웅, 노무요

テレビ、見る。 텔레비전 볼래?

테레비, 미루

うん、見るよ。 응,볼래.

웅, 미루요

152

## 일본 회화 문법을 자세하고 친절하게 분석하기

### 대화에 쓰인 문법 해설을 알아보아요!

**● 동사의 기본형**

일본어 동사의 기본형은 그 성질에 따라 현재와 미래를 나타낸다. 즉, 앞서 배운 존재표현의 あります나 います의 기본형인 ある와 いる는 기본형이 현재를 나타내지만, 동작을 나타내는 동사 중에 書(か)く 쓰다와 読(よ)む 읽다 등은 반복되는 동작 이외에는 현재를 나타내지 않고 오히려 앞으로 행해질 일을 나타내며, 말하는 사람의 의지를 나타내기도 한다.

예 明日(あした)ここへ 来(く)る。 내일 여기에 온다(오겠다).

　あそこに 人(ひと)が いる。 저기에 사람이 있다.

### 일본에서는 이런 표기법을 써요!

**● 조사의 よ의 용법**

문장의 끝에 접속하여 상대에게 알리거나, 타이르거나 할 때, 또는 그것을 강조하는 기분을 나타낸다.

핵심
단어

- コーヒー 커피
- テレビ 텔레비전
- 飲(の)む 마시다
- 見(み)る 보다

표현 더하기

友達(ともだち)と レスリングを する。

토모다치토 레스링구오 스루

친구와 레슬링을 하다.

# UNIT 44

## 何をするつもりですか。

무엇을 할 생각입니까?

明日、何か約束がありますか。 내일 무슨 약속이 있습니까?

아시타, 나니카 야쿠소쿠가 아리마스까

いいえ、約束はありません。 아니오, 약속은 없습니다.

이-에, 야쿠소쿠와 아리마셍

では、何をするつもりですか。 그럼, 무엇을 할 생각입니까?

데와, 나니오 스루 츠모리데스까

そうですね、うちにいるつもりです。 글쎄요, 집에 있을 생각입니다.

소-데스네, 우치니 이루 츠모리데스

明日、何か約束
がありますか。

いいえ、約束は
ありません。

## 일본 회화 문법을 자세하고 친절하게 분석하기

### 대화에 쓰인 문법 해설을 알아보아요!

● 동사의 연체형

일본어 동사의 기본형은 문장의 종결부에 와서 술어가 되기도 하고, 기본형 상태로 뒤의 체언을 수식하기도 한다. 우리말에서는 동사가 체언을 수식할 때 동사의 기본형 어미가 변하지만, 일본어에서는 앞서 배운 형용사의 연체형(連体形)과 마찬가지로 기본형 상태를 취한다. 이것을 일본의 학교문법에서 체언을 수식하는 꼴이라 하여 연체형이라고 한다.

あう　ひと 만날 사람　　くる　じかん 올 시간

### 일본에서는 이런 표기법을 써요!

● ~つもりだ

つもり는 생각, 작정, 예정의 뜻으로, 앞으로의 일에 대해 확정된 것은 아니지만, 어떻게 하겠다는 생각을 하고 있을 때 쓰인다.

---

핵심단어

- **明日(あした)** 내일
- **つもり** 생각, 작정, 예정
- **約束(やくそく)** 약속
- **うち** 집
- **する** 하다
- **いる** 있다

---

표현 더하기

いつも 来(く)る 時間(じかん)は 同(おな)じです。

이츠모 쿠루 지캉와 오나지데스

언제나 오는 시간은 같습니다.

# 何を飲みますか。
## 무엇을 마시겠습니까?

### 何を飲みますか。 무엇을 마시겠습니까?
나니오 노미마스까

### ワインを飲みます。 와인을 마시겠습니다.
와잉오 노미마스

### 赤ワインですか、白ワインですか。 레드 와인입니까, 화이트 와인입니까?
아카와인데스까, 시로와인데스까

### 赤ワインをお願いします。 레드 와인을 부탁드립니다.
아카와잉 오네가이시마스

## 일본 회화 문법을 자세하고 친절하게 분석하기

### 대화에 쓰인 문법 해설을 알아보아요!

● ~ます의 활용법

일본어 동사는 기본형이나 정중형(ます)의 형태를 갖추어도 동사의 성질에 따라서 다음과 같은 뜻을 나타낸다.

❶ 현재의 상태를 나타낸다.

예 ここに本があります。　여기에 책이 있습니다.

❷ 습관적으로 계속되는 행동을 나타낸다.

예 よく映画を見ます。　자주 영화를 봅니다.

❸ 앞으로의 일, 즉 의지를 나타낸다.

예 私が行きます。　제가 가겠습니다.

### 일본에서는 이런 표기법을 써요!

● お願(ねが)いします

ねがう 바라다, 원하다의 겸양표현으로 상대에게 부탁을 하거나 의뢰를 할 때 쓰이는 표현이다.

핵심
단어

- 飲(の)む 마시다　　• 白(しろ)い 하얀　　• ワイン 와인
- 願(ねが)う 바라다, 원하다　　• 赤(あか) 빨강

표현 더하기

## 私が詳しいことは話します。

와타시가 쿠와시이 코토와 하나시마스

제가 자세한 것은 이야기하겠습니다.

ミカンを食べますか。 귤을 먹겠습니까?

미캉오 타베마스까

いいえ、ミカンは食べません。 아니오, 귤은 먹지 않습니다.

이-에, 미캉와 타베마셍

では、リンゴは食べませんか。 그럼, 사과는 먹지 않습니까?

데와, 링고와 타베마셍까

いいえ、リンゴは食べます。 아니오, 사과는 먹습니다.

이-에, 링고와 타베마스

## 일본 회화 문법을 자세하고 친절하게 분석하기

### 대화에 쓰인 문법 해설을 알아보아요!

● ~ません

동사에 접속하여 정중한 표현을 만드는 ます의 부정형은 ません이다. ません은 단순 부정을 나타낼 뿐만 아니라 부정 의지도 나타낸다. 또한 질문이나 의문을 나타낼 때는 종조사 か를 접속하여 ませんか의 형태로도 쓴다.

| 기본형 | 정중형 | 부정형 |
|---|---|---|
| 飲(の)む 마시다<br>書(か)く 쓰다 | 食(の)みます 마십니다<br>書(か)きます 씁니다 | 食(の)みません 마시지 않습니다<br>書(か)きません 쓰지 않습니다 |

### 일본에서는 이런 표기법을 써요!

● ミカン・リンゴ

현대어 일본어 표기에서 어려운 한자로 쓰이는 동·식물의 이름은 가타카나(カタカナ)로 표기하는 것을 원칙으로 하고 있다.

핵심 단어

• ミカン 귤    • では 그럼    • 食(た)べる 먹다    • リンゴ 사과

표현 더하기

私は 果物は あまり 食べません。
와타시와 쿠다모노와 아마리 타베마셍
저는 과일은 별로 먹지 않습니다.

159

# 何をしましたか。

## 무엇을 했습니까?

きのう　なに
**昨日、何をしましたか。** 어제, 무엇을 했습니까?

키-노, 나니오 시마시타까

おんがく　き
**音楽を聞きました。** 음악을 들었습니다.

옹가쿠오 키키마시타

にほん　ご　　べんきょう
**それから、日本語の勉強をしました。あなたは。**

소레카라, 니홍고노 벵꾜-오 시마시타. 아나타와

그리고 일본어 공부를 했습니다. 당신은?

うみ　あそ
**海で遊びました。** 바다에서 놀았습니다.

우미데 아소비마시타

## 대화에 쓰인 문법 해설을 알아보아요!

● ~ました

ます의 과거형은 ました로 동사에 접속하여 정중한 과거의 동작을 나타낸다. 또 ましたか의 형태로 질문이나 의문을 나타낸다.

| 기본형 | 정중형 | 부정형 | 과거형 |
|---|---|---|---|
| 読(よ)む<br>읽다 | 読(よ)みます<br>읽습니다 | 読(よ)みません<br>읽지 않습니다 | 読(よ)みました<br>읽었습니다 |
| 行(い)く<br>가다 | 行(い)きます<br>갑니다 | 行(い)きません<br>가지 않습니다 | 行(い)きました<br>갔습니다 |
| 食(た)べる<br>먹다 | 食(た)べます<br>먹습니다 | 食(た)べません<br>먹지 않습니다 | 食(た)べました<br>먹었습니다 |

## 일본에서는 이런 표기법을 써요!

● それから

それから는 다음 말을 이을 때 쓰이는 접속사로 우리말의 그리고 나서, 그다음에, 그리고, 이어서에 해당한다.

핵심 단어

- 音楽(おんがく) 음악
- 勉強(べんきょう) 공부
- 海(うみ) 바다
- それから 그리고, 이어서
- 聞(き)く 듣다, 묻다
- 遊(あそ)ぶ 놀다

표현 더하기

昨夜(ゆうべ)、彼女(かのじょ)と 焼(や)き肉(にく)を 食(た)べました。

유-베 카노죠토 야키니쿠오 타베마시따

어젯밤 그녀와 불고기를 먹었습니다.

# お酒は飲みませんでした。

## 술은 마시지 않았습니다

昨夜、何を食べましたか。 어젯밤, 무엇을 먹었습니까?

유-베, 나니오 타베마시타카

寿司を食べました。 초밥을 먹었습니다.

스시오 타베마시타

お酒も飲みましたか。 술도 마셨습니까?

오사케모 노미마시타까

いいえ、お酒は飲みませんでした。 아니오, 술은 마시지 않았습니다.

이-에, 오사케와 노미마센데시타

お酒も飲みましたか。

いいえ、お酒は飲みませんでした。

162

## 일본 회화 문법을 자세하고 친절하게 분석하기

### 대화에 쓰인 문법 해설을 알아보아요!

● ~ませんでした

ます의 부정형은 ません이다. ません에 단정을 나타내는 です의 과거형인 でした를 접속하면 과거부정형이 된다. 즉, ませんでした는 ~지 않았습니다의 뜻이 된다.

| ~ます | 飲(の)みます | 마십니다 |
| ~ません | 飲(の)みません | 마시지 않습니다 |
| ~ました | 飲(の)みました | 마셨습니다 |
| ~ませんでした | 飲(の)みませんでした | 마시지 않았습니다 |

### 일본에서는 이런 표기법을 써요!

● 조사 も의 용법

조사 も는 ~도의 뜻으로, 어떤 것이 다른 것과 같음을 나타내거나, 비슷한 사물을 열거할 때도 쓰인다.

핵심 단어

- **昨夜(ゆうべ)** 어젯밤  ・**酒(さけ)** 술  ・**飲(の)む** 마시다
- **寿司(すし)** 초밥

표현 더하기

## 病気(びょうき)で 会社(かいしゃ)に 行(い)きませんでした。

뵤-키데 카이샤니 이키마센데시타

아파서 회사에 가지 **않았습니다.**

## ● 동사의 기본형 ~하다

まいばん
毎晩テレビのニュースを見る。 見(み)る
매일밤 텔레비전 뉴스를 본다.

ともだち　いっしょ　うみ　い
友達と一緒に海へ行く。 行(い)く
친구와 함께 바다에 가다.

とり　あおそら　と
鳥が青空を飛ぶ。 飛(と)ぶ
새가 푸른 하늘을 날다.


## ● 동사의 연체형 ~한

かのじょ　あ　さん ねん
彼女に会うのは三年ぶりだ。 会(あ)う
그녀를 만나는 것은 3년만이다.

ひと　やまだ
あそこにいる人は山田さんです。 いる
저기에 있는 사람은 야마다 씨입니다.

これからどうするつもりですか。 する
이제부터 어떻게 할 생각입니까?


## ● ~ます ~ㅂ니다

み
あなたもテレビを見ますか。 見(み)る
당신도 텔레비전을 보겠습니까?

ともだち　にほん ご　はな
友達と日本語で話します。 話(はな)す
친구와 일본어로 이야기 합니다.

がくせい　すうがく　おし
生徒に数学を教えます。 教(おし)える
학생에게 수학을 가르칩니다.

私は刺身は食べません。食(た)べる

나는 생선회는 먹지 않습니다.

明日は会社へ行きません。行(い)く

내일은 회사에 가지 않습니다.

私は熱い紅茶は飲みません。飲(の)む

나는 뜨거운 홍차는 마시지 않습니다.

国の母に手紙を書きました。書(か)く

고향에 계신 어머니께 편지를 썼습니다.

昨日、友達に電話を掛けました。掛(か)ける

어제 친구에게 전화를 걸었습니다.

奇麗なバラの花が咲きました。咲(さ)く

예쁜 장미꽃이 피었습니다.

今朝は何も食べませんでした。食(た)べる

오늘 아침은 아무 것도 먹지 않았습니다.

今日は会社に行きませんでした。行(い)く

오늘은 회사에 가지 않았습니다.

昨夜は薬を飲みませんでした。飲(の)む

어젯밤은 약을 먹지 않았습니다.

165

## 앞에서 배운 내용 다시 확인하기

1. 다음 동사를 뜻에 맞게 고쳐보세요.

| 먹다 | 食(た)べる |
|---|---|
| 먹습니다 | |
| 먹지 않습니다 | |
| 먹었습니다 | |
| 먹지 않았습니다 | |

| 마시다 | 飲(の)む |
|---|---|
| 마십니다 | |
| 마시지 않습니다 | |
| 마셨습니다 | |
| 마시지 않았습니다 | |

2. 다음 해석을 참고하여 일본어 문장을 완성하세요.

● 텔레비전 볼래?

　テレビ、＿＿＿＿＿＿＿ 。

● 이제부터 어떻게 할 생각입니까?

　これからどう ＿＿＿＿＿＿＿ つもりですか。

● 무엇을 마시겠습니까?

　何(なに)を＿＿＿＿＿＿＿ ますか。

● 음악을 들었습니다.

　音楽(おんがく)を ＿＿＿＿＿＿＿ 。

# STEP 9

## UNIT 49-54

# UNIT 49 | 友達に会い、酒を飲みました。
## 친구를 만나, 술을 마셨습니다

### 鈴木さん、昨日どこかへ行きましたか。
스즈키상, 키노— 도코카에 이키마시타까

스즈키 씨, 어제 어디에 갔습니까?

### はい、ソウルへ行きました。 네, 서울에 갔습니다.
하이, 소우루에 이키마시따

### そこで誰か会いましたか。 거기서 누구를 만났습니까?
소코데 다레카 아이마시타까

### はい、友達に会い、酒を飲みました。
하이, 도모다치니 아이, 사케오 노미마시따

네, 친구를 만나 술을 마셨습니다.

## 일본 회화 문법을 자세하고 친절하게 분석하기

### 대화에 쓰인 문법 해설을 알아보아요!

● 동사의 중지형

동사의 중지형은 ます가 접속될 때의 어미 변화형으로 문장(文)을 중지하거나, 명사로 전환되거나, 다른 단어 앞에 접속하여 복합어를 만들기도 한다. 회화보다는 리포트나 논문에서 많이 사용하는 문어체이다. 또한 뒤에서 배울 접속조사 て와 같은 역할을 하기도 한다.

예 資料を集め、レポートを作る。 자료를 모아 리포트를 만들다

見送る 전송하다 ➡ 見送り 전송

読む 읽다 + 始める 시작하다 ➡ 読み始める 읽기 시작하다

### 일본에서는 이런 표기법을 써요!

● どこか / だれか

각기 불확실함을 나타내는 조사 か가 접속된 형태로 장소·사람에 대해서 확실히 모를 때의 기분을 나타내는 것으로 대답할 때는 반드시 はい / いいえ로 먼저 답한다.

핵심
단어

- 昨日(きのう) 어제   • 会(あ)う 만나다   • 酒(さけ) 술
- 友達(ともだち) 친구   • 誰(だれ)か 누군가

표현 더하기

## 物価が 上がり、生活が よく ありません。

붓카가 아가리, 세-카츠가 요쿠 아리마셍

물가가 **올라** 생활이 좋지 않습니다.

## UNIT 50 映画に行きます。

### 영화를 보러 갑니다

 おはよう。今どこですか。 안녕하세요. 지금 어디에 갑니까?

오하요-. 이마 도코데스까

 会社です。あなたは。 회사에 갑니다. 당신은?

카이샤데스. 아나타와

 ええ、映画に行きます。 네, 영화를 보러 갑니다.

에-, 에이가니 이키마스

## 일본 회화 문법을 자세하고 친절하게 분석하기

### 대화에 쓰인 문법 해설을 알아보아요!

● 명사 ~に いく

조사 に는 존재하는 장소를 나타낼 때는 ~에(서)의 뜻을 나타내지만, 동작성을 지닌 명사의 뒤에 ~に いく의 형태로 접속하면 ~하러 가다의 뜻으로 동작의 목적을 나타낸다. 이 때 に 다음에 いく(가다) 뿐만 아니라 くる(오다), かえる(돌아오(가)다) 등 이동을 나타내는 동사가 온다.

예   동작성 명사 + に 行<sup>い</sup>く   ~을 / 하러 가다

　　　　　　　　来<sup>く</sup>る   ~을 / 하러 오다

　　　　　　　　帰<sup>かえ</sup>る   ~을 / 하러 돌아오(가)다

### 일본에서는 이런 표기법을 써요!

● です의 동사 대용

정중한 단정을 나타내는 です는 동사를 대신하여 쓰이기도 한다. 본문의 どこですか / かいしゃです는 どこへいきますか / かいしゃへいきます와 같은 의미로 いく 가다의 대용으로 쓰였다.

핵심
단어

- **おはよう** 아침인사
- **ええ** 예
- **映画(えいが)** 영화
- **今(いま)** 지금
- **どこ** 어디

표현 더하기

彼女<sup>かのじょ</sup>と(花見<sup>はなみ</sup>、月見<sup>つきみ</sup>、買<sup>か</sup>い物<sup>もの</sup>)に いく。

카노죠토 (하나미, 츠키미, 카이모노)니 이쿠

그녀와 (꽃구경, 달구경, 쇼핑)을 (하러) 갑니다.

## UNIT 51

# 迎えに行きます。
### 마중을 나갑니다

**あら、こんにちは。** 어머, 안녕하세요.
아라, 콘니치와

**こんにちは。どこへ行きますか。** 안녕하세요. 어디에 갑니까?
콘니치와. 도코에 이키마스까

**駅まで弟を迎えに行きます。** 역까지 동생을 맞이하러 갑니다.
에키마데 오토-토오 무카에니 이키마스

**じゃ、また。** 그럼, 또(만나요).
쟈, 마따

## 일본 회화 문법을 자세하고 친절하게 분석하기

### 대화에 쓰인 문법 해설을 알아보아요!

● ~に いく

동사의 중지형(ます가 접속되는 형태)에 ~に いく(가다)라는 동사가 이어지면 ~하러 가다라는 뜻으로 동작의 목적을 나타낸다. いく 대신에 くる(오다), かえる(돌아가다, 오다) 등의 이동을 나타내는 동사가 접속하여 쓰인다.

예 동사의 중지형 + に 行<sup>い</sup>く ~하러 가다

　　　　　　　 来<sup>く</sup>る ~하러 오다

　　　　　　　 帰<sup>かえ</sup>る ~하러 돌아오(가)다

### 일본에서는 이런 표기법을 써요!

● ~じゃ、まだ

じゃ、まだ(그럼, 또)는 헤어질 때 쓰이는 가벼운 인사말로 뒤에 あいましょう(만납시다)를 생략한 형태이다.

핵심
단어

- あら 어머　• 弟(おとうと) (남)동생　• また 또, 다시
- こんにちは 아침인사　• 迎(むか)える 맞이하다　• 駅(えき) 역

표현 더하기

渋谷<sup>しぶや</sup>へ 映画<sup>えいが</sup>を 見<sup>み</sup>に いきます。

시부야에 에이가오 미니 이키마스

**시부야에 영화를 보러 갑니다.**

173

UNIT 52

# どても分かりやすいですよ。

**매우 알기 쉬워요**

## すみません。日本語の辞書ありますか。

스미마셍. 니홍고노 지쇼 아리마스까

미안합니다. 일본어 사전 있습니까?

## はい、これはどうですか。 네,이건 어떻습니까?

하이, 코레와 도-데스까

## とても分かりやすいですよ。 아주 알기 쉬워요.

토테모 와카리 야스이데스요

## じゃあ、それをください。 그럼,그것을 주세요.

쟈-, 소레오 쿠다사이

174

## 일본 회화 문법을 자세하고 친절하게 분석하기

### 대화에 쓰인 문법 해설을 알아보아요!

**● ~やすい / にくい**

동사의 중지형(ます가 접속되는 형태)에 やすい가 접속하면 ~하기 쉽다, 편하다라는 뜻을 나타내고, にくい가 접속하면 ~하기 힘들다, 어렵다라는 뜻의 형용사를 만든다.

| 読(よ)む 읽다 | 食(た)べる 먹다 | 来(く)る 오다 | する 하다 |
|---|---|---|---|
| 読(よ)みます 읽습니다 | 食(た)べます 먹습니다 | きます 옵니다 | します 하겠습니다 |
| 読(よ)みやすい 읽기 쉽다 | 食(た)べやすい 먹기 쉽다 | きやすい 오기 쉽다 | しやすい 하기 쉽다 |
| 読(よ)みにくい 읽기 어렵다 | 食(た)べにくい 먹기 힘들다 | きにくい 오기 어렵다 | しにくい 하기 어렵다 |

### 일본에서는 이런 표기법을 써요!

**● すみません**

사죄를 나타낼 때 쓰이는 인사표현으로 우리말의 미안합니다에 해당한다. 그러나 여보세요의 뜻으로 사람을 부르거나 상대에 대해 뭔가를 물어볼 때도 쓰인다.

핵심
단어

- **すみません** 미안합니다　　• **とても** 매우　　• **ください** 주세요
- **辞書(じしょ)** 사전　　• **分(わ)かる** 알다, 알 수 있다

표현 더하기

## この 字(じ)は とても 読(よ)みやすい。/ 書(か)きにくい。

코노 지와 토테모 요미야스이 / 카키니쿠이

이 글자는 매우 읽기 쉽다 / 쓰기 어렵다.

# UNIT 53 | コーヒーを入<sup>い</sup>れましょうか。

커피를 끓일까요?

 コーヒーを入<sup>い</sup>れましょうか。 커피를 끓일까요?

코-히-오 이레마쇼-까

 ええ、お願<sup>ねが</sup>いします。 예, 부탁드립니다.

에-, 오네가이시마스

 ミルクと砂糖<sup>さとう</sup>はどうしましょうか。 밀크와 설탕은 어떻게 할까요?

미루쿠토 사토-와 도-시마쇼-까

 砂糖<sup>さとう</sup>は入<sup>い</sup>れません。ミルクだけ。 설탕은 넣지 않습니다. 밀크만.

사토-와 이레마셍. 미루쿠다케

176

## 일본 회화 문법을 자세하고 친절하게 분석하기

### 대화에 쓰인 문법 해설을 알아보아요!

● ~ましょう

ます의 권유형으로, 상대방의 동의를 구해서 말하는 사람이 행동을 일으키도록 제안할 때 쓰이며, 우리말의 ~ㅂ시다에 해당한다. 따라서 ましょう는 권유의 뜻이 되기도 하며, 말하는 사람의 의지를 나타내기도 한다.

● ~ましょうか

상대방의 의향을 물을 때는 종조사 か를 접속하여 ましょうか의 형태로 쓰이나 강한 느낌을 주므로 손윗사람에게 가능한 쓰지 않는 것이 좋다.

### 일본에서는 이런 표기법을 써요!

● だけ

だけ는 한도나 한정을 나타내는 조사로 우리말의 ~만, 뿐에 해당한다. 또한 그 정도까지라는 뜻으로 ~만큼, 까지로도 쓰인다.

핵심
단어

● コーヒー 커피　　● 砂糖(さとう) 설탕　　● ~だけ ~만, 뿐

● ミルク 밀크　　● 入(い)れる 넣다, (차를) 끓이다

표현 더하기

いっしょに (映画を見、歌を歌い)ましょう。

잇쇼니 (에이가오 미, 우타오 우타이)마쇼-

함께 (영화를 봄, 노래를 부릅)시다.

鈴木さん、お寿司好きでしよう。 스즈키씨, 초밥 좋아하지요?

스즈키상, 오스시 스키데쇼-

ええ、美味しいお寿司屋でもありますか。

에-, 오이시- 오스시야데모 아리마스까

예, 맛있는 초밥집이라도 있습니까?

デパートの前にベンチがあるでしょう。 백화점 앞에 벤치가 있지요?

데빠-토노 마에니 벤치가 아루데쇼-

そこで午後六時はいかがですか。 거기서 오후6시는 어떠세요?

소코데 고고 로쿠지와 이카가데스까

じゃ、後で会いましょう。 그럼, 나중에 만납시다.

쟈, 아토데 아이마쇼-

そこで午後六時はいかがですか。

じゃ、後で会いましょう。

## 일본 회화 문법을 자세하고 친절하게 분석하기

### 대화에 쓰인 문법 해설을 알아보아요!

● ~でしょう

정중한 단정을 나타내는 です의 추측형으로, 아마 ~일 것입니다(거예요)의 뜻으로 추측의 뜻을 나타내기도 하고, ~이겠지요(이지요)?의 뜻으로 끝을 올려 발음하면 상대방에게 확인하거나, 자기가 말한 것에 대해 상대방의 동의를 구할 때에도 쓰인다.

### 일본에서는 이런 표기법을 써요!

● 조사 お의 용법

다른 말에 접두 되어 존경의 의미나, 말에 품위를 나타내기 위해 쓰이는 말로 우리말 해석은 상황에 따라 적절하게 한다.

핵심
단어

- 寿司(すし) 스시, 초밥
- 前(まえ) 앞
- 美味(おい)しい 맛있다
- 好(す)きだ 좋아하다
- ベンチ 벤치
- 午後(ごご) 오후

표현 더하기

明日(あした)も(雨(あめ)、来(く)る、早(はや)い)でしょう。

아시타모 (아메, 쿠루, 하야이) 데쇼-

내일도 (비가 오, 오, 빠르)겠지요?

● **동사의 중지형** ~하고, 하여                                        문형연습 ❶

<ruby>春<rt>はる</rt></ruby>には<ruby>花<rt>はな</rt></ruby>が<ruby>咲<rt>さ</rt></ruby>き、<ruby>鳥<rt>とり</rt></ruby>が<ruby>鳴<rt>な</rt></ruby>きます。咲(さ)く

봄에는 꽃이 피고, 새가 웁니다.

<ruby>物価<rt>ぶっか</rt></ruby>が<ruby>上<rt>あ</rt></ruby>がり、<ruby>生活<rt>せいかつ</rt></ruby>が<ruby>苦<rt>くる</rt></ruby>しい。上(あ)がる

물가가 올라, 생활이 힘들다.

コーヒーを<ruby>飲<rt>の</rt></ruby>み、ケーキを<ruby>食<rt>す</rt></ruby>たべます。飲(の)む

커피를 마시고, 케이크를 먹습니다.


● **명사 ~に いく**  ~을 / 하러 가다                                   문형연습 ❷

<ruby>金<rt>キム</rt></ruby>さんは<ruby>李<rt>り</rt></ruby>さんと<ruby>一緒<rt>いっしょ</rt></ruby>に<ruby>食事<rt>しょくじ</rt></ruby>にいきました。

김씨는 이씨와 함께 식사하러 갔습니다.

<ruby>彼女<rt>かのじょ</rt></ruby>と<ruby>公園<rt>こうえん</rt></ruby>へお<ruby>花見<rt>はなみ</rt></ruby>にいくつもりです。

그녀와 공원에 꽃구경을 갈 생각입니다.

<ruby>妹<rt>いもうと</rt></ruby>は<ruby>母<rt>はは</rt></ruby>とデパートへ<ruby>買<rt>か</rt></ruby>い<ruby>物<rt>もの</rt></ruby>にいきました。

여동생은 어머니와 백화점에 물건을 사러 갔습니다.


● **동사의 중지형 ~に いく**  ~을 / 하러 가다                          문형연습 ❸

<ruby>銀行<rt>ぎんこう</rt></ruby>へお<ruby>金<rt>かね</rt></ruby>を<ruby>下<rt>お</rt></ruby>ろしにいきます。下(お)ろす

은행에 돈을 인출하러 갑니다.

<ruby>彼<rt>かれ</rt></ruby>は<ruby>駅<rt>えき</rt></ruby>に<ruby>切符<rt>きっぷ</rt></ruby>を<ruby>買<rt>か</rt></ruby>いにいきました。買(か)う

그는 역에 표를 사러 갔습니다.

<ruby>喫茶店<rt>きっさてん</rt></ruby>へお<ruby>茶<rt>ちゃ</rt></ruby>を<ruby>飲<rt>の</rt></ruby>みにいきます。 飲(の)む

찻집에 차를 마시러 갑니다.

180
180

## ● ~やすい / にくい  ~하기 편하다 / 힘들다  문형연습 ❹

このボールペンは本当（ほんとう）に書（か）きやすい。 書（か）く

이 볼펜은 정말로 쓰기 편하다.

一番（いちばん）飲（の）みやすい薬（くすり）は何（なん）ですか。 飲（の）む

가장 먹기 편한 약은 무엇입니까?

このパンは固（かた）くて食（た）べにくいです。 食（た）べる

이 빵은 질겨서 먹기 힘듭니다.

## ● ~ましょう  ~합시다  문형연습 ❺

もうそろそろ出（で）かけましょう。 出（で）かける

이제 슬슬 나갑시다.

みんなで部屋（へや）の掃除（そうじ）をしましょう。 する

다 같이 방 청소를 합시다.

明日（あした）また会（あ）いましょう。 会（あ）う

내일 또 만납시다.

## ● ~でしょう  ~이겠지요 / 이지요  문형연습 ❻

明日（あした）も多分（たぶん）雨（あめ）でしょう。

내일도 아마 비가 내리겠지요.

日本（にほん）の物価（ぶっか）は高（たか）いでしょう。

일본의 물가는 비싸지요?

吉村（よしむら）さんもここへ来（く）るでしょう。

요시무라 씨도 여기에 오겠지요?

181

## 앞에서 배운 내용 다시 확인하기

1. 다음 단어를 일본어는 한국어로, 한국어는 일본어로 써 보세요.

- すみません ＿＿＿＿＿＿＿＿＿   • 좋아하다 ＿＿＿＿＿＿＿＿＿

- ミルク ＿＿＿＿＿＿＿＿＿   • 스시 ＿＿＿＿＿＿＿＿＿

- 美味(おい)しい ＿＿＿＿＿＿＿＿＿   • 오후 ＿＿＿＿＿＿＿＿＿

- ベンチ ＿＿＿＿＿＿＿＿＿   • 사전 ＿＿＿＿＿＿＿＿＿

- 駅(えき) ＿＿＿＿＿＿＿＿＿   • 남동생 ＿＿＿＿＿＿＿＿＿

2. 다음 해석을 참고하여 문장에 알맞은 일본어를 고르세요.

- コーヒーを＿＿＿＿、ケーキを食たべます。  조용한 공원입니까?

  ❶ 飲む    ❷ 飲み    ❸ 飲め    ❹ 飲んで    ❺ 飲まれる

- 明日また会い＿＿＿＿。  커피를 마시고 케이크를 먹습니다.

  ❶ ます    ❷ かった    ❸ だった    ❹ ました    ❺ ましょう

- このボールペンは本当に書き＿＿＿＿。  이 볼펜은 정말로 쓰기 편하다.

  ❶ やすい    ❷ でしょう    ❸ にいく    ❹ ました    ❺ にくい

182

# STEP 10

## UNIT 55-60

もう春になりましたね。 벌써 봄이 되었군요.

모- 하루니 나리마시타네

ええ、あなたは何の季節が好きですか。

에-, 아나타와 난노 키세츠가 스키데스까

예, 당신은 무슨 계절을 좋아합니까?

僕は春が一番好きです。あなたは。

보쿠와 하루가 이치방 스키데스. 아나타와

나는 봄을 가장 좋아합니다. 당신은?

僕は涼しい秋が一番好きです。 나는 시원한 가을을 가장 좋아합니다.

보쿠와 스즈시- 아키가 이치방 스키데스

もう春になりましたね。

ええ、あなたは何の季節が好きですか。

## 일본 회화 문법을 자세하고 친절하게 분석하기

### 대화에 쓰인 문법 해설을 알아보아요!

● 명사 ~に なる

なる는 우리말의 되다의 뜻을 가진 동사로, 말하는 사람의 의지와는 상관없이 어떤 상태에서 다른 상태로 변해가는 것을 나타낸다. 명사에 접속할 때는 우리말에서는 ~이(가) 되다이지만, 일본어에서는 ~に なる의 형태로 조사 が 대신에 に가 온다는 점에 주의하자.

예　あたたかい春になる。　따뜻한 봄이 되다. (O)

　　あたたかい春がなる。　따뜻한 봄이 되다. (X)

### 일본에서는 이런 표기법을 써요!

● ~が すきだ

우리말의 ~을 좋아한다의 표현은 일본어 ~が すきだ로 나타낸다. 직역하여 그 대상물에 조사 를 쓰지 않도록 주의할 것.

---

핵심 단어
- 春(はる) 봄
- 季節(きせつ) 계절
- 秋(あき) 가을
- 好(す)きだ 좋아하다
- 涼(すず)しい 시원하다

---

표현 더하기

もう(暑い夏、寒い冬)に なりました。

모- (아츠이 나츠, 사무이 후유)니 나리마시따

벌써 (더운 여름, 추운 겨울)이 되었습니다.

**UNIT 56**

# 便利になりましたね。

편리해졌군요

---

 いつ電車の駅ができましたか。 언제 전철역이 생겼습니까?

이츠 덴샤노 에키가 데키마시타까

 今年の四月にできました。 올해 4월에 생겼습니다.

코토시노 시가츠니 데키마시따

 交通が便利になりましたね。 교통이 편리해졌군요.

코-츠-가 벤리니 나리마시타네

 ええ、前より大変便利になりました。

에-, 마에요리 타이헹 벤리니 나리마시따

예, 전보다 매우 편리해졌습니다.

## 일본 회화 문법을 자세하고 친절하게 분석하기

### 대화에 쓰인 문법 해설을 알아보아요!

● 형용동사 ~に なる

말하는 사람의 의지와는 상관없이 어떤 상태에서 다른 상태로 변해가는 것을 나타내는 동사 なる가 형용동사에 접속할 때는 어미 だ가 に로 바뀌어 ~に なる의 형태를 취한다. 이 때는 ~하게 되다, 해지다로 해석한다.

예 大変元気になる。  매우 건강해지다.
たいへんげんき

あなたが静がになる。  주위가 조용해지다.
しず

### 일본에서는 이런 표기법을 써요!

● より

より는 한계를 나타낼 때는 ~까지의 뜻이지만, 본문에서 처럼 비교를 나타낼 때는 ~보다의 뜻이 된다.

핵심
단어

• いつ 언제   • 交通(こうつう) 교통   • 前(まえ) 앞
• 電車(でんしゃ) 전차, 전철   • 便利(べんり) 편리   • 大変(たいへん) 매우

표현 더하기

前より なかなか (便利、静か)に なりました。
まえ        べんり  しず

마에요리 나카나카 (벤리, 시즈카) 니 나리마시따

전보다 상당히 (편해, 조용해)졌습니다.

# UNIT 57

# よくなりましたか。

**좋아졌습니까?**

お祖父さんは良くなりましたか。 할아버지는 좋아졌습니까?

오지-상와 요쿠 나리마시타까

ええ、大変元気になりました。 예, 무척 건강해졌습니다.

에-, 타이헹 겡키니 나리마시따

そうですか。まだ退院はしませんか。

소-데스카. 마다 타이인와 시마셍까

그렇습니까. 아직 퇴원은 하지 않았습니까?

ええ、まだ退院はしません。 예, 아직 퇴원은 하지 않았습니다.

에-, 마다 타이인와 시마셍

188

## 일본 회화 문법을 자세하고 친절하게 분석하기

### 대화에 쓰인 문법 해설을 알아보아요!

● 형용사 ~くなる

なる가 형용사에 접속하여 쓰일 때는 어미 い가 く로 바뀐다. 이때는 ~하게 되다, 해지다로 해석한다.

예 物価が高くなる。　물가가 비싸지다.

● 형용사의 부사적 용법

형용사 뒤에 활용어가 오면 어미 い는 く로 바뀌게 된다. 이때는 ~하게라는 뜻으로 부사적으로 쓰인다. 또한 형용사의 く의 형태는 문(文)을 중지하는 역할도 한다.

예 山が高く見える。　산이 높게 보이다.


### 일본에서는 이런 표기법을 써요!

● まだ ~ません

우리말에서는 아직 ~하지 않았습니다로 과거로 표현되지만 일본어에서는 아직 동작이 완료되지 않았으므로 まだ ~ません으로 표현한다.

핵심
단어

- お祖父(じい)さん 할아버지
- まだ 아직
- よい 좋다
- 退院(たいいん) 퇴원
- 元気(げんき) 건강

표현 더하기

だんだん 日が (長、短)くなります。

단당 히가 (나가, 미지카)쿠 나리마스

점점 해가 (길어, 짧아) 집니다.

# 何が欲しいですか。

**무엇을 갖고 싶습니까?**

 **何が欲しいですか。** 무엇을 갖고 싶습니까?

나니가 호시이데스까

 **安いステレオが欲しいです。** 싼 스테레오를 갖고 싶습니다.

야스이 스테레오가 호시이데스

 **他に欲しい物がありますか。** 그 밖에 갖고 싶은 것이 있습니까?

호카니 호시이 모노가 아리마스까

 **ええ、新型の時計が欲しいです。** 예, 신형 시계를 갖고 싶습니다.

에-, 싱가타노 토케-가 호시이데스

何が欲しいで
すか。

安いステレオが
欲しいです。

## 일본 회화 문법을 자세하고 친절하게 분석하기

### 대화에 쓰인 문법 해설을 알아보아요!

● ~が ほしい

~을 자기 것으로 하고 싶다라는 표현으로, 말하는 사람이 직접 원할 때에는 ほしい가 쓰인다. 또, 갖고 싶은 대상물에 붙는 조사는 を가 아니라 が이다. 활용은 어미가 い이므로 형용사와 동일하게 한다.

● ~を ほしがる

ほしがる는 제3자가 갖고 싶은 것을 나타내는 표현으로, 우리말의 갖고 싶어하다에 해당한다. 또, ほしい는 갖고 싶은 대상물에 조사 が를 쓰지만, ほしがる는 조사 を를 쓴다. 활용은 5단동사와 마찬가지이다.

### 일본에서는 이런 표기법을 써요!

● ほしがる

ほしがる는 ほしい의 어간에 동사형 접미어 がる(~하게 여기다, 하다)가 접속된 형태이다.

핵심
단어

- ~欲(ほ)しい 갖고싶다
- 他(ほか)に 그밖에
- 安(やす)い 싸다
- 新型(しんがた) 신형
- 時計(とけい) 시계

표현 더하기

(僕は / 彼は)えんぴつ(が 欲しい。/ を 欲しがる)。

(보쿠와 / 카레와) 엠삐츠(가 호시이- / 오 호시가루)

(나는 / 그는) 연필(을 갖고 싶다 / 을 갖고 싶어한다).

# 何が買いたいですか。

**무엇을 사고 싶습니까?**

何が買いたいですか。 무엇을 사고 싶습니까?

나니가 카이타이데스까

新しい靴が買いたいです。 새 구두를 사고 싶습니다.

아타라시- 쿠츠가 카이타이데스

他に何か買いたい物がありますか。

호카니 나니카 카이타이 모노가 아리마스까

그 밖에 무언가 사고 싶은 것이 있습니까?

ええ、新しい背広も買いたいです。 예, 새 양복도 사고 싶습니다.

에-, 아타라시- 세비로모 카이타이데스

## 일본 회화 문법을 자세하고 친절하게 분석하기

### 대화에 쓰인 문법 해설을 알아보아요!

● ~が ~たい

たい는 동사의 중지형, 즉 ます가 접속되는 꼴에 연결되며, 말하는 사람이나 상대방의 직접적인 희망을 나타내는 말로 우리말의 ~고 싶다에 해당한다. 또, 그 희망하는 대상물에는 조사 を보다 が를 쓰는 것이 일반적이며, 앞서 배운 ほしい와 마찬가지로 형용사처럼 활용을 한다.

● ~を ~たがる

たがる는 ほしがる와 마찬가지로 제3자의 희망을 나타내며, 우리말의 ~고 싶어하다에 해당한다. 희망하는 대상물에 조사 を를 쓰며, 활용은 5단동사와 마찬가지다.

### 일본에서는 이런 표기법을 써요!

● なにか

か는 불확실함을 나타내는 조사로 ~인가, 인지의 뜻이다. 따라서 なにか는 무언가, 무엇인지로 해석된다.

핵심
단어

- 買(か)う 사다
- 靴(くつ) 구두
- 背広(せびろ) 양복
- ~たい ~고 싶다
- 物(もの) 물건
- 新(あたら)しい 새롭다

표현 더하기

ぼくは (冷(つめ)たい 水(みず)、熱(あつ)い お茶(ちゃ))が 飲(の)みたい。

보쿠와 (츠메타이 미즈, 아츠이 오쨔)가 노미타이

나는 (차가운 물, 뜨거운 차)를 마시고 싶다.

なん じ ごろ かえ
# 何時頃帰りますか。
## 몇 시쯤 돌아갑니까?

 なん じ ごろ たく かえ
### 何時頃お宅へ帰りますか。
난지고로 오타쿠에 카에리마스까

몇 시쯤 집에 돌아갑니까?

 ごご ろく じ ごろ かえ
### だいたい午後六時頃うちへ帰ります。
다이타이 고고 로쿠지고로 우치에 카에리마스

대개 오후6시쯤 집에 돌아갑니다.

何時頃お宅へ
帰りますか。

だいたい午後
六時頃うちへ
帰ります。

Taxi

## 대화에 쓰인 문법 해설을 알아보아요!

● 예외적인 5단활용동사

일본어 동사 중에 형태상으로는 상1단·하1단동사이지만, 예외적으로 5단동사의 활용을 하는 것들이 있는데, 그 대표적인 것을 들면 다음과 같다. 반드시 암기할 것.

| | | |
|---|---|---|
| 帰(かえ)る 돌아갑니다 | 帰(かえ)ます(X) | 帰(かえ)ります(O) |
| 入(はい)る 들어갑니다 | 入(はい)ます(X) | 入(はい)ります(O) |
| 知(し)る 압니다 | 知(し)ます(X) | 知(し)ります(O) |

● 그 외 단어

切(き)る 자르다,  走(はし)る 달리다,  照(て)る 비치다,  混(ま)じる 섞이다,  握(にぎ)る 쥐다,  蹴(け)る 차다,
要(い)る 필요하다,  散(ち)る 지다,  減(へ)る 줄다,  限(かぎ)る 한정하다,  喋(しゃべ)る 지껄이다

**핵심 단어**

• 何時(なんじ) 몇 시  • だいたい 대개, 대체로  • うち 집, 안
• お宅(たく) 댁  • 午後(ごご) 오후  • 帰(かえ)る 돌아가다, 오다

**표현 더하기**

かれ　　　　　　し　　　　　　　　はし
彼は よく (知りません。/ 走りません)。

카레와 요쿠 (시리마셍 / 하시리마셍)

그는 잘 (모릅니다 / 달리지 않습니다).

## ● 명사 + に なる　～이(가) 되다

息子は今年二十歳になりました。

아들은 올해 스무살이 되었습니다.

もう暖かい春になりました。

벌써 따뜻한 봄이 되었습니다.

彼は有名な学者になりました。

그는 유명한 학자가 되었습니다.

## ● 형용동사 ~ に なる　～하게 되다, 해지다

金さんはすっかり健康になりました。

김씨는 완전히 건강해졌습니다.

顔が真っ赤になりました。

얼굴이 빨개졌습니다.

もうすぐここは静かになります。

이제 곧 여기는 조용해집니다.

## ● 형용사 ~ く なる　～하게 되다, 해지다

最近物価が高くなりました。

최근에 물가가 비싸졌습니다.

もうすぐ周りが明るくなります。

이제 곧 주위가 밝아집니다.

日がだんだん短くなります。

해가 점점 짧아집니다.

今日の新聞がほしいです。
きょう しんぶん

오늘 신문을 갖고 싶습니다.

丸いテーブルがほしいですか。
まる

둥근 테이블을 갖고 싶습니까?

僕は今何もほしくありません。
ぼく いま なに

나는 지금 아무것도 갖고 싶지 않습니다.

● **~が ~たい**  ~을 / 를 ~고 싶다  문형연습 ❺

濃いコーヒーが飲みたいですか。 飲(の)む
こ の

진한 커피를 마시고 싶습니까?

デパートでかっこいい帽子が買いたい。 買(か)う
ぼうし か

백화점에서 멋진 모자를 사고 싶다.

レストランで美味しい料理が食べたい。 食(た)べる
おい りょうり た

레스토랑에서 맛있는 요리를 먹고 싶다.

● **예외적인 5단동사**  문형연습 ❻

僕はそんなことはよく知りません。 知(し)る
ぼく し

나는 그런 것은 잘 모릅니다.

彼女は今年大学へ入ります。 入(はい)る
かのじょ ことし だいがく はい

그녀는 올해 대학에 들어갑니다.

農村の人口はますます減りました。 減(へ)る
のうそん じんこう へ

농촌의 인구는 점점 줄었습니다.

1. 다음 밑줄 친 동사를 기본형으로 바꿔 보세요.

- 何時頃お宅へ帰りますか。 ➡ _____

  몇 시쯤 집에 돌아갑니까?

- 彼女は今年大学へ入ります。 ➡ _____

  그녀는 올해 대학에 들어갑니다.

- 金さんはすっかり健康になりました。 ➡ _____

  김씨는 완전히 건강해졌습니다.

- 僕はそんなことはよく知りません。 ➡ _____

  나는 그런 것은 잘 모릅니다.

2. 다음 단어를 일본어로 쓰세요.

- 자다 _____
- 오후 _____

- 할아버지 _____
- 달리다 _____

- 편리 _____
- 교통 _____

- 시계 _____
- 양복 _____

- 새롭다 _____
- 퇴원 _____

# STEP 11

## UNIT 61-66

**UNIT 61**

# 朝起きて何をしますか。
## 아침에 일어나서 무엇을 합니까?

 朝起きて何をしますか。 아침에 일어나 무엇을 합니까?

아사 오키테 나니오 시마스까

 朝起きてまず新聞を読みます。 아침에 일어나 먼저 신문을 읽습니다.

아사 오키테 마즈 신붕오 요미마스

それから何をしますか。 그리고 무엇을 합니까?

소레카라 나니오 시마스까

 犬を連れて散歩に行きます。 개를 데리고 산책을 갑니다.

이누오 츠레테 산뽀니 이키마스

朝起きて何をしますか。

朝起きてまず新聞を読みます。

## 일본 회화 문법을 자세하고 친절하게 분석하기

### 대화에 쓰인 문법 해설을 알아보아요!

● 상1단, 하1단동사 ~て

상1단, 하1단동사에 나열, 동작의 연결, 원인, 이유, 설명을 나타내는 접속조사 て가 이어질 때는, 앞서 배운 ます가 이어질 때와 마찬가지로 어미 る가 탈락된다.

|  | 기본형 | 의미 | ~ます | ~て |
|---|---|---|---|---|
| 상1단 | 見(み)る<br>起(お)きる | 보다<br>일어나다 | 見(み)ます<br>起(お)きます | 見(み)て<br>起(お)きて |
| 하1단 | 寝(ね)る<br>食(た)べる | 자다<br>먹다 | 寝(ね)ます<br>食(た)べます | 寝(ね)て<br>食(た)べて |

### 일본에서는 이런 표기법을 써요!

● 접속조사 て의 용법(1)

어떤 동작에서 다른 동작으로 이어주는 경우에 쓰인다.

예 朝6時に起きて散歩をします。　아침 6시에 일어나서 산책을 합니다.

핵심
단어

• 散歩(さんぽ) 산책　• それから 그리고　• 起(お)きる 일어나다
• 犬(いぬ) 개　• まず 먼저, 우선　• 新聞(しんぶん) 신문

표현 더하기

## 朝早く 起きて テレビを 見て 新聞を 読む。

아사 하야쿠 오키테 텔레비오 미테 신붕오 요무

아침 일찍 일어나서 텔레비전을 보고 신문을 읽는다.

# 手紙を書いています。

## 편지를 쓰고 있습니다

### 誰に手紙を書いていますか。 누구에게 편지를 쓰고 있습니까?

다레니 테가미오 카이테 이마스까

### 国の友達に書いています。 고향 친구에게 쓰고 있습니다.

쿠니노 토모다치니 카이테 이마스

### よく書きますか。 자주 씁니까?

요쿠 카키마스까

### いいえ、時々しか書きません。 아니오, 가끔 밖에 못씁니다.

이-에, 토키도키시까 카키마셍

## 일본 회화 문법을 자세하고 친절하게 분석하기

### 대화에 쓰인 문법 해설을 알아보아요!

● ~く・ぐ・す인 5단동사

어미가 く・ぐ인 5단동사는 い로 바뀌어 접속조사 て가 이어진다. 단, ぐ로 끝나는 5단동사는 어미 음(音)의 영향을 받아 접속조사 て가 で로 탁음화된다. 이것을 イ음편(イ音便)이라고 한다. 어미가 す인 경우는 ます가 접속할 때와 동일하게 す가 し로 변한다.

|  | 기본형 | 의미 | ~て |
|---|---|---|---|
| ~く | 書(か)く | 쓰다 | 書(か)いて |
| ~ぐ | 泳(およ)ぐ | 헤엄치다 | 泳(およ)いで |
| ~す | 話(はな)す | 이야기하다 | 話(はな)して |

### 일본에서는 이런 표기법을 써요!

● 접속조사 て의 용법(2)

앞의 동작이 뒤의 동작의 원인, 이유, 설명이 된다.

예 お腹(なか)をこわして、学校(がっこう)を休(やす)みました。　배탈이 나서, 학교를 쉬었습니다.

- 誰(だれ) 누구 　• 友達(ともだち) 친구 　• 手紙(てがみ) 편지
- 時々(ときどき) 가끔, 때때로 　• 書(か)く 쓰다 　• ~しか ~밖에, 뿐, 만

표현 더하기

字(じ)を書(か)いて 自分(じぶん)の 意見(いけん)を 述(の)べる。

지오 카이테 지분노 이켄오 노베루

글을 써서 자신의 의견을 말하다.

203

## UNIT 63
# 雑誌を売っていますか。
**잡지를 팔고 있습니까?**

### 小川さん、今どこへ行きますか。 오가와 씨, 지금 어디에 갑니까?
오가와상, 이마 도코에 이키마스까

### 本屋に雑誌を買いに行きます。 서점에 잡지를 사러 갑니다.
홍야니 잣시오 카이니 이키마스

### そこでも韓国の雑誌を売っていますか。
소코데모 캉코쿠노 잣시오 웃테 이마스까

거기에서도 한국 잡지를 팔고 있습니까?

### はい、そうです。売っています。 네, 그렇습니다. 팔고 있습니다.
하이, 소-데스. 웃테 이마스

## 일본 회화 문법을 자세하고 친절하게 분석하기

### 대화에 쓰인 문법 해설을 알아보아요!

● ~つ・る・う인 5단동사

어미가 つ・る・う인 5단동사에 접속조사 て가 이어지면, 어미가 촉음인 っ로 바뀐다. 이것을 문법에서는 촉음편 (促音便)이라고 한다. つ보다 글자 크기가 2분의 1인 っ로 표기한다는 점에 주의할 것.

| | 기본형 | 의미 | ~て |
|---|---|---|---|
| ~つ | 待(ま)つ | 기다리다 | 待(ま)って |
| ~る | 乗(の)る | 타다 | 乗(の)って |
| ~う | 言(い)う | 말하다 | 言(い)って |

### 일본에서는 이런 표기법을 써요!

● 접속조사 て의 용법(3)

앞, 뒤의 사항을 나열해 줄 때 쓰인다.

예 朝早(あさはや)く起(お)きて、テレビを見(み)て会社(かいしゃ)へ行(い)きました。  아침 일찍 일어나서 텔레비전을 보고 회사에 갔습니다.

핵심 단어

- 本屋(ほんや) 책방
- 韓国(かんこく) 한국
- 雑誌(ざっし) 잡지
- そこでも 거기에서도
- 買(か)う 사다
- 売(う)る 팔다

표현 더하기

この 店(みせ)は 本(ほん)も 売(う)って、ノートも 売(う)って います。

코노 미세와 홍모 웃테, 노-토모 웃테 이마스

이 가게는 책도 팔고, 노트도 팔고 있습니다.

# 何を飲んでいますか。
## 무엇을 마시고 있습니까?

 今、何を飲んでいますか。 지금 무엇을 마시고 있습니까?

이마, 나니오 논데 이마스까

 ジュースを飲んでいます。あなたは。 주스를 마시고 있습니다. 당신은?

쥬-스오 논데 이마스. 아나타와

 冷たいコーラを飲んでいます。 차가운 콜라를 마시고 있습니다.

츠메타이 코-라오 논데 이마스

 わたしもコーラが飲みたいですね。 나도 콜라를 마시고 싶군요.

와타시모 코-라가 노미타이데스네

今、何を飲んでいますか。

ジュースを飲んでいます。あなたは。

## 일본 회화 문법을 자세하고 친절하게 분석하기

### 대화에 쓰인 문법 해설을 알아보아요!

● ~む・ぶ・ぬ인 5단동사

어미가 む・ぶ・ぬ인 5단동사에 접속조사 て가 이어지면, 어미가 하네루음(はねる音)인 ん으로 바뀌며, 접속조사 て는 ん의 영향을 받아 で로 탁음화 된다. 이것을 문법에서는 발음편(撥音便)이라고 한다. 참고로 어미가 ぬ로 끝나는 동사는 しぬ(죽다) 하나뿐이다.

|  | 기본형 | 의미 | ~て |
|---|---|---|---|
| ~む | 飲(の)む | 마시다 | 飲(の)んで |
| ~ぶ | 呼(よ)ぶ | 부르다 | 呼(よ)んで |
| ~ぬ | 死(し)ぬ | 죽다 | 死(し)んで |

### 일본에서는 이런 표기법을 써요!

● ~て います

접속조사 て에 진행이나 상태를 나타내는 いる가 접속하면 ~고 있다라는 뜻이 된다. います는 いる의 정중형이다.

핵심
단어

- 飲(の)む 마시다
- 冷(つめ)たい 차갑다
- ジュース 주스
- コーラ 콜라

표현 더하기

お茶を 飲んで、本を 読んで 寝ました。

오챠오 논데, 홍오 욘데 네마시따

차를 마시고 책을 읽고 잤습니다.

# UNIT 65 | デパートへ行って何を買いましたか。
## 백화점에 가서 무엇을 샀습니까?

 デパートへ行って何を買いましたか。 백화점에 가서 무엇을 샀습니까?

데빠-토에 잇테 나니오 카이마시타까

 靴下を一足買いました。 양말을 한 켤레 샀습니다.

쿠츠시타오 잇소쿠 카이마시따

 では、うちに帰って何をしましたか。 그럼 집에 돌아와 무엇을 했습니까?

데와, 우치니 카엣테 나니오 시마시타까

 うちに帰ってテレビを見ました。 집에 돌아와 텔레비전을 보았습니다.

우치니 카엣테 텔레비오 미마시따

208

## 일본 회화 문법을 자세하고 친절하게 분석하기

**대화에 쓰인 문법 해설을 알아보아요!**

● 예외적인 음편(音便)

5단동사 行く 가다는 어미가 く인데도 불구하고 촉음편(促音便)을 한다. 또한 예외적인 5단동사, 즉 형태상 상1단, 하1단동사이면서도 5단활용을 하는 동사(帰る・要る・入る 등)도 어미가 る이기 때문에 촉음편(促音便)을 한다.

| 기본형 | 의미 | ~て | ~て |
|---|---|---|---|
| 行(い)く | 가다 | 行(い)て (X) | 行(い)って (O) |
| 帰(かえ)る | 돌아가다 | 帰(かえ)て (X) | 帰(かえ)って (O) |
| 入(はい)る | 들어가다 | 入(はい)て (X) | 入(はい)って (O) |

**일본에서는 이런 표기법을 써요!**

● 조사 ヘ와 に의 용법

ヘ는 동작이나 작용이 행해지는 방향이나 목표가 되는 장소를 나타내며, に는 동작이나 작용의 목표와 귀착점을 나타낸다.

핵심
단어

- 靴下(くつした) 양말
- 一足(いっそく) 한 켤레
- 帰(かえ)る 돌아가다, 돌아오다
- 見(み)る 보다
- 買(か)う 사다

**표현 더하기**

會社へ 行って 業務を 終えて、家に 歸って くる。
かいしゃ　い　　ぎょうむ　お　　　　いえ　かえ

카이샤에 잇테 쿄-무오 오에테, 이에니 카엣테 쿠루

회사에 가서 업무를 마치고 집에 돌아오다.

 うちに帰<sup>かえ</sup>っていつも何<sup>なに</sup>をしますか。 집에 돌아와 항상 무엇을 합니까?

우치니 카엣테 이츠모 나니오 시마스까

 食事<sup>しょくじ</sup>をして勉強<sup>べんきょう</sup>をします。 식사를 하고 공부를 합니다.

쇼쿠지오 시테 벵쿄-오 시마스

 そうですか。今<sup>いま</sup>は何<sup>なに</sup>をしていますか。

소-데스까. 이마와 나니오 시테 이마스까

그렇습니까. 지금은 무엇을 하고 있습니까?

 今<sup>いま</sup>は、お茶<sup>ちゃ</sup>を飲<sup>の</sup>んでいます。 지금은 차를 마시고 있습니다.

이마와, 오챠오 논데 이마스

210

## 대화에 쓰인 문법 해설을 알아보아요!

● 변격동사의 접속형

변격동사 くる와 する는 접속조사 て가 이어질 때 음편(音便)을 하지 않고 앞서 배운 ます가 접속될 때와 동일하게 어간이 き와 し로 변하여 て가 이어진다. 변격동사는 정격동사와는 다르게 활용에 원칙이 없으므로 그때그때 암기해 두어야 한다.

|  | 기본형 | 의미 | ~ます | ~て |
|---|---|---|---|---|
| カ変 | 来(く)る | 오다 | きます | きて |
| サ変 | する | 하다 | します | して |

## 일본에서는 이런 표기법을 써요!

● 5단동사의 음편

5단동사의 음편은 일본어의 문법을 마스터하는 데 있어서 가장 중요한 부분이므로 이해될 때까지 철저하게 숙지해야 한다.

핵심
단어

- いつも 늘, 항상
- お茶(ちゃ) 차
- 勉強(べんきょう) 공부
- 食事(しょくじ) 식사

표현 더하기

友達が 来て テニスを して 遊びました。
ともだち　き　　　　　　　　　　　あそ

토모다치가 키테 테니스오 시테 아소비마시따

친구가 와서 테니스를 치고 놀았습니다.

## ● 상1단, 하1단동사 ~て　~하고, 하며, 해서

문형연습 ❶

着物を着て公園を散歩する。着(き)る

기모노를 입고 공원을 산책하다.

急用ができて、行きませんでした。できる

급한 일이 생겨서 가지 않았습니다.

熱が出て会社を休みました。出(で)る

열이 나서 회사를 쉬었습니다.

## ● ~く・ぐ・す(~いて/いで/して)　~하고, 하며, 해서

문형연습 ❷

風邪を引いて、学校を休みました。引(ひ)く

감기에 걸려 학교를 쉬었습니다.

厚い外套を脱いで、部屋に入る。脱(ぬ)ぐ

두꺼운 외투를 벗고 방에 들어가다.

部屋の電灯を消して、ベッドに入る。消(け)す

방의 전등을 끄고 침대에 들어가다.

## ● ~つ・る・う(~って)　~하고, 하며, 해서

문형연습 ❸

お土産を持って国へ帰りました。持(も)つ

선물을 가지고 고향에 갔습니다.

バスに乗って会社まで行きました。乗(の)る

버스를 타고 회사까지 갔습니다.

友達に会って映画を見ました。会(あ)う

친구를 만나서 영화를 보았습니다.

## ● **~む・ぶ・ぬ(~んで)** ~하고, 하며, 해서

新聞
しんぶん
を読
よ
んで、テレビのニュースを見
み
る。読(よ)む

신문을 읽고, 텔레비전 뉴스를 보다.

鳥
とり
が空
そら
を高
たか
く飛
と
んでいます。飛(と)ぶ

새가 하늘을 높이 날고 있습니다.

可愛
かわい
い犬
いぬ
が死
し
んで悲
かな
しく泣
な
く。死(し)ぬ

귀여운 개가 죽어 슬피 울다.

## ● **行って/예외적인 5단동사(~って)** ~하고, 하며, 해서

会社
かいしゃ
に行
い
って何
なに
をしますか。行(い)く

회사에 가서 무엇을 합니까?

家
いえ
に帰
かえ
って部屋
へや
を奇麗
きれい
に掃除
そうじ
する。帰(かえ)る

집에 돌아와서 방을 깨끗이 청소하다.

部屋
へや
に入
はい
って音楽
おんがく
を聞
き
く。入(はい)る

방에 들어와서 음악을 듣다.

## ● **변격동사/して・きて**

朝寝
あさね
ぼうをして遅刻
ちこく
しました。する

늦잠을 자서 지각했습니다.

日本
にほん
から友達
ともだち
がきておそくなる。来(く)る

일본에서 친구가 와서 늦어지다.

あなたは今
いま
何
なに
をしていますか。する

당신은 지금 무엇을 하고 있습니까?

1. 주어진 단어를 이용하여 일본어 문장을 완성해 보세요.

- 着物(きもの)を _____ 公園(こうえん)を散歩(さんぽ)する。 (着(き)る)

  기모노를 입고 공원을 산책하다.

- 厚(あつ)い外套(がいとう)を _____ 、部屋(へや)に入(はい)る。 (脱(ぬ)ぐ)

  두꺼운 외투를 벗고 방에 들어가다.

- 友達(ともだち)に _____ 映画(えいが)を見(み)ました。 (会(あ)う)

  친구를 만나서 영화를 보았습니다.

- 鳥(とり)が空(そら)を高(たか)く _____ います。 (飛(と)ぶ)

  새가 하늘을 높이 날고 있습니다.

- 部屋(へや)に _____ 音楽(おんがく)を聞(き)く。 (入(はい)る)

  방에 들어와서 음악을 듣다.

- 日本(にほん)から友達(ともだち)が _____ おそくなる。 (来(く)る)

  일본에서 친구가 와서 늦어지다.

- うちに _____ いつも何(なに)をしますか。 (帰(かえ)る)

  집에 돌아와 항상 무엇을 합니까?

- この店(みせ)は本(ほん)も _____ 、ノートも _____ います。 (売(う)る)

  이 가게는 책도 팔고, 노트도 팔고 있습니다.

# STEP 12
## UNIT 67-72

# 雨が降っていますか。
## 비가 내리고 있습니까?

もしもし、飛鳥ですが。 여보세요, 아스카입니다만.

모시모시, 아스카데스가

ああ、飛鳥さんですか。お元気ですか。

아-, 아스카상데스까. 오겡키데스까

아, 아스카 씨입니까, 안녕하세요.

ええ、そちらも雨が降っていますか。

에-, 소치라모 아메가 훗테 이마스까

예, 그쪽도 비가 내리고 있습니까?

いいえ、雨は降っていません。 아니오, 비는 내리지 않습니다.

이-에, 아메와 훗테 이마셍

そちらも雨が
降っていますか。

いいえ、
雨は降ってい
ません。

## 일본 회화 문법을 자세하고 친절하게 분석하기

### 대화에 쓰인 문법 해설을 알아보아요!

● ~て いる(진행)

같은 동작이 계속되는 것을 나타내는 동사 [歩(ある)く 걷다, 泣(な)く 울다, 食(た)べる 먹다, 書(か)く 쓰다, 走(はし)る 달리다, 読(よ)む 읽다 등]의 접속형 て에 いる가 접속하면 동작의 진행을 나타낸다. 이 때 いる(있다)는 본래의 존재하다라는 의미를 상실하여 단순한 보조동사로 동작의 진행을 나타낸다. 그러나 보조동사로 쓰였더라도 본동사 いる와 동일하게 상1단활용을 한다.

| 書(か)く 쓰다 | 書(か)いて 쓰다가 | 書(か)いている  쓰고 있다 |
|---|---|---|
| 食(た)べる 먹다 | 食(た)べて 먹다가 | 食(た)ている  먹고 있다 |

### 일본에서는 이런 표기법을 써요!

● もしもし

전화에서 상대를 부르거나, 모르는 사람을 뒤에서 부를 때 쓰이는 말로 우리말의 여보세요에 해당한다.

핵심
단어

- もしもし 여보세요
- そちら 그쪽
- 雨(あめ) 비
- 元気(げんき)ですか 안녕하세요
- 降(ふ)る 내리다

표현 더하기

新聞(しんぶん)を 読(よ)んでいる。/ 雨(あめ)が 降(ふ)っている。

신붕오 욘데 이루 / 아메가 훗테 이루

신문을 읽고 있다 / 비가 내리고 있다.

217

# UNIT 68
# 誰に似ていますか。
## 누구를 닮았습니까?

**帽子を被っている子は誰ですか。** 모자를 쓰고 있는 아이는 누구 입니까?

보-시오 카붓테 이루 코와 다레데스까

**私の息子です。** 제 아들입니다.

와타시노 무스코데스

**可愛いですね。誰に似ていますか。** 귀엽군요. 누구를 닮았습니까?

카와이-데스네. 다레니 니테 이마스까

**私より家内に似ています。** 저보다 아내를 닮았습니다.

와타시요리 카나이니 니테 이마스

帽子を被って
いる子は誰ですか。

私の息子です。

## 대화에 쓰인 문법 해설을 알아보아요!

● ~て いる(상태)

동작의 결과가 새로운 상태로 바뀌는 동사 [立(た)つ 서다, 座(すわ)る 앉다, 並(なら)ぶ 늘어서다, 壊(こわ)れる 파손되다, 死(し)ぬ 죽다, 来(く)る 오다 등] 에 ~ている가 접속되면 우리말의 ~어 있다의 뜻으로 동작의 결과로 생긴 상태를 나타낸다.

● 상태만을 나타내는 동사

似(に)る 닮다, 聳(そび)える 솟다, 優(すぐ)れる 뛰어나다 등은 동사의 기본형 상태로 쓰이는 일은 거의 없고, 반드시 ~ている의 형태로 상태만을 나타낸다.

## 일본에서는 이런 표기법을 써요!

● ~て いる

❶ 동작의 진행을 나타낸다.

❷ 동작의 결과로 생긴 상태를 나타낸다.

❸ 단순한 상태만을 나타내기도 한다.

핵심
단어

- 帽子(ぼうし) 모자
- 家内(かない) 아내
- 息子(むすこ) 아들
- 被(かぶ)る 쓰다
- 可愛(かわい)い 귀엽다
- 似(に)る 닮다

표현 더하기

花瓶(かびん)が 壊(こわ)れて いる。/ 感覚(かんかく)が 優(すぐ)れて いる。

카빙가 코와레테 이루 / 칸카쿠가 스구레테 이루

꽃병이 깨져 있다 / 감각이 뛰어나다.

## UNIT 69

# もう掛けてあります。

**벌써 잠궈두었습니다**

 鍵を掛けましたか。 열쇠를 잠궜습니까?

카기오 카케마시타까

 はい、全部掛けました。 네, 전부 잠궜습니다.

하이, 젬부 카케마시따

 玄関は。 현관은?

겡캉와

 玄関ももう掛けてあります。 현관도 벌써 잠궈 두었습니다.

겡캉모 모- 카케테 아리마스

## 일본 회화 문법을 자세하고 친절하게 분석하기

### 대화에 쓰인 문법 해설을 알아보아요!

● ~て ある(상태)

일본어 동사 중에 의지를 나타내는 타동사에 ~て ある가 접속하면, 누군가에 의한 의도된 행동이 남아 있는 상태를 나타낸다. 우리말의 ~어져 있다에 해당하며, 앞서 배운 ~ている가 접속하면 동작의 진행을 나타낸다. 자동사에는 ~ている만 접속하며 진행이나 상태를 나타낸다.

예 窓が開いている。  창문이 열려 있다 / 자동사

　　窓が開いてある。  창문이 열려져 있다 / 타동사

### 일본에서는 이런 표기법을 써요!

● 타동사 ~て ある

이처럼 ~て ある는 주어의 의지가 들어갈 수 없는 자동사에는 접속 할 수 없으며 조사 が를 쓰는 것이 보통이다.

핵심
단어

- 鍵(かぎ) 열쇠　● 玄関(げんかん) 현관　● 全部(ぜんぶ) 전부
- 掛(か)ける 걸다, 잠그다　● もう 이미, 벌써　● ~てある ~해두다

표현 더하기

雑誌が 置いて ある。/ ドアが 閉って ある。

잣시가 오이테 아루 / 도아가 시맛테 아루

**잡지가 놓여 있다 / 문이 닫혀 있다.**

# テニスをしてから休んでいる。

테니스를 치고 나서 쉬고 있다

 **何をしていますか。** 무엇을 하고 있습니까?

나니오 시테 이마스까

 **音楽を聞きながら本を読んでいます。**

옹가쿠오 키키나가라, 홍오 욘데 이마스

음악을 들으면서 책을 읽고 있습니다.

**あなたは何をしていますか。** 당신은 무엇을 하고 있습니까?

아나타와 나니오 시테 이마스까

 **テニスをしてから休んでいます。** 테니스를 치고 나서 쉬고 있습니다.

테니스오 시테카라 야슨데 이마스

## 일본 회화 문법을 자세하고 친절하게 분석하기

### 대화에 쓰인 문법 해설을 알아보아요!

● ~ながら

동사의 ます가 접속되는 형태에 이어져 ~하면서의 뜻으로, 그 동작·작용과 뒤에 오는 동작·작용이 동시에 이루어짐을 나타낸다.

● ~てから

동사의 접속형 て에 조사 から가 이어지면 앞의 동작이 일어난 후에 다른 동작이 행해지는 것을 나타낸다. 즉 ~てから는 우리말의 ~고 나서에 해당한다.

### 일본에서는 이런 표기법을 써요!

● 동사의 기본형 + 前(まえ)に

동사의 기본형에 まえに가 접속하면, ~하기 전에의 뜻으로, 그 동작·작용이 일어나기 전을 말한다. 즉 ~てから의 반대이다.

| 핵심단어 | | |
|---|---|---|
| • 音楽(おんがく) 음악 | • テニス 테니스 | • 読(よ)む 읽다 |
| • 聞(き)く 듣다 | • ~てから ~하고 나서 | • 休(やす)む 쉬다 |

**표현 더하기**

テレビを 見てから 本を 読む。 / テレビを 見ながら 本を 読む。

텔레비오 미테카라 홍오 요무 / 텔레비오 미나가라 홍오 요무

텔레비전을 보고 나서 책을 읽다 / 텔레비전을 보면서 책을 읽다

 ちょっと待ってください。 잠깐 기다려 주세요.
ま
촛토 맛테 쿠다사이

もう一度ゆっくり言ってください。 다시 한번 천천히 말해 주세요.
いちど　　　　　い
모- 이치도 육쿠리 잇테 쿠다사이

 聞こえませんでしたか。 들리지 않았습니까?
き
키코에마셍데시타까

 はい、もっと大きい声で言ってください。
おお　　こえ　い
하이, 못토 오-키이 코에데 잇테 쿠다사이

네, 더욱 큰 소리로 말해 주세요.

## 일본 회화 문법을 자세하고 친절하게 분석하기

### 대화에 쓰인 문법 해설을 알아보아요!

● ~て ください

ください는 존경의 동사 くださる(주시다)의 명령형으로, 동사의 접속형(て)에 이어져 ~해 주세요라는 뜻으로 동작의 명령이나 요구, 의뢰를 나타낸다. ~て ください는 직접적인 명령의 느낌을 주므로 정중하게 부탁할 때는 약간 거북스런 느낌이 있을 수 있다.

예 話す → 話して ください。 이야기해 주세요.

　読む → 読んで ください。 읽어 주세요.

　来る → 来て ください。 와 주세요.

### 일본에서는 이런 표기법을 써요!

● ~もう / ゆっくり

もう는 벌써, 이미, 곧, 이제, 더, 더 이상의 뜻으로 쓰이는 부사어이고, ゆっくり는 천천히, 충분히의 뜻으로 쓰이는 부사어이다.

핵심
단어

- もう一度(いちど) 다시 한번　● 聞(き)こえる 들리다　● 声(こえ) 목소리
- ゆっくり 천천히　● 大(おお)きい 크다　● 言(い)う 말하다

표현 더하기

ちょっと 待って ください。/ よく 見て ください。

촛토 맛테 쿠다사이 / 요쿠 미테 쿠다사이

잠깐 기다려 주세요. / 잘 보세요.

# コートを取ってきます。

코트를 들고 오겠습니다

 ちょっと待ってください。 잠깐 기다려 주세요.

촛토 맛테 쿠다사이

教室からかばんとコートを取ってきます。

쿄-시츠까라 카방토 코-토오 톳테키마스

교실에서 가방과 코트를 들고 오겠습니다.

 じゃあ、階段の下で待っていますね。

쟈-, 카이단노 시타데 맛테 이마스네

그럼, 계단 아래서 기다리고 있을게요.

 はい、すぐ戻ります。 네, 곧 돌아오겠습니다.

하이, 스구 모도리마스

## 일본 회화 문법을 자세하고 친절하게 분석하기

**대화에 쓰인 문법 해설을 알아보아요!**

● ~て くる

くる가 동사의 접속형 て에 이어지면, 어떤 동작이나 작용이 이쪽으로 해 오다라는 뜻을 나타낸다. 즉 ~て くる는 계속 ~해 오다라는 뜻과, ~하기 시작하다라는 뜻으로도 쓰인다.

예 涼しい風が吹いてくる。  시원한 바람이 불어오다.

この日のために練習してきた。  이 날을 위해 연습해 왔다.

空が晴れてきました。  하늘이 맑아지기 시작했습니다.

**일본에서는 이런 표기법을 써요!**

● ~て いく

~て くる와는 반대로 어떤 동작이나 상태가 떨어진 곳이나 미래를 향해 나아감을 나타낸다.

핵심단어

• ちょっと 잠깐, 좀   • 階段(かいだん) 계단   • すぐ 곧, 바로
• 教室(きょうしつ) 교실   • 下(した) 아래   • コート 코트

표현 더하기

アメリカから 孫の 写真を 送って きました。

아메리카카라 마고노 샤싱오 오쿳테 키마시따

미국에서 손자의 사진을 보내 왔습니다.

● **~て いる(진행)** ~하고 있다                                       문형연습 **❶**

彼はレストランでご飯を食べ<small>ている</small>。 食(た)べる

그는 레스토랑에서 밥을 먹고 있다.

外で呼ん<small>でいる</small>人は誰ですか。 呼(よ)ぶ

밖에서 부르고 있는 사람은 누구입니까?

私は今本を読ん<small>でいません</small>。 読(よ)む

나는 지금 책을 읽고 있지 않습니다.


● **~て いる(상태)** ~해 있다                                        문형연습 **❷**

彼女はもうここへ来<small>ています</small>。 来(く)る

그녀는 벌써 여기에 와 있습니다.

眼鏡を掛け<small>ている</small>ひとが金さんです。 掛(か)ける

안경을 쓰고 있는 사람이 김씨입니다.

この子は父親に似<small>ていません</small>。 似(に)る

이 아이는 아버지를 닮지 않았습니다.


● **~て ある(상태)** ~해져 있다                                       문형연습 **❸**

壁に絵が掛け<small>てあります</small>。 掛(か)ける

벽에 그림이 걸려 있습니다.

切符はもう買っ<small>てあります</small>。 買(か)う

표는 이미 사 두었습니다.

待合室に雑誌が置い<small>てあります</small>。 置(お)く

대합실에 잡지가 놓여 있습니다.

● **~て から / ~な がら** ~하고 나서 / ~하면서

よく考えてから決めます。 考(かんが)える

잘 생각하고 나서 결정하겠습니다.

品物を見てから買います。 見(み)る

물건을 보고 나서 사겠습니다.

ご飯を食べながらテレビを見ています。 食(た)べる

밥을 먹으면서 텔레비전을 보고 있습니다.

● **~て ください** ~해 주세요

もっとゆっくり話してください。 話(はな)す

더 천천히 말씀해 주세요.

この紙に名前を書いてください。 書(か)く

이 종이에 이름을 써 주세요.

もう一度詳しく説明してください。

다시 한번 자세히 설명해 주세요.

● **~て くる / ~て いく** ~해 오다 / ~해 가다

暑い風が南から吹いてくる。 吹(ふ)く

더운 바람이 남쪽에서 불어오다.

30年間この仕事をしてきました。

30년간 이 일을 해 왔습니다.

これからだんだん寒くなっていきます。 寒(さむ)く

이제부터 점점 추워져 갑니다.

1. 다음 해석을 참고하여 알맞은 문장을 고르세요.

- 彼(かれ)はレストランでご飯(はん)を食(た)べ ＿＿＿＿＿＿＿＿ 。  그는 레스토랑에서 밥을 먹고 있다.

  ❶ でいる　　❷ てあります　❸ ている　　❹ てある　　❺ でいません

- よく考(かんが)え＿＿＿＿＿＿＿ 決(き)めます。  잘 생각하고 나서 결정하겠습니다.

  ❶ てから　　❷ でいません　❸ てある　　❹ ながら　　❺ ている

- 音楽(おんがく)を聞(き)き＿＿＿＿＿＿＿ 本(ほん)を読(よ)んでいます。  음악을 들으면서 책을 읽고 있습니다.

  ❶ てある　　❷ 前(まえ)に　❸ ている　　❹ ながら　　❺ てから

2. 다음 해석을 참고하여 일본어 문장을 완성해 보세요.

- 다시 한번 자세히 설명해 주세요.

  もう一度(いちどくわ)詳しく説明(せつめい)し＿＿＿＿＿＿＿ 。

- 이 아이는 아버지를 닮지 않았습니다.

  この子(こ)は父親(ちちおや)に似(に)＿＿＿＿＿＿＿ 。

- 잠깐 기다려 주세요.

  ＿＿＿＿＿＿＿ 待(ま)ってください。

- 미국에서 손자의 사진을 보내 왔습니다.

  アメリカから孫(まご)の写真(しゃしん)を送(おく)っ＿＿＿＿＿＿＿ 。

# STEP 13

## UNIT 73-78

# ううん、食べないよ。

## 응, 안 먹어

スパゲッティ、食べる。 스파게티 먹을래?

스빠게티, 타베루

うん、食べるよ。 응, 먹어.

웅, 타베루요

ピザ、食べる。 피자 먹니?

삐자, 타베루

ううん、不味いから食べないよ。 응, 맛없으니까 먹지 않을래.

우웅, 마즈이카라 타베나이요

## 일본 회화 문법을 자세하고 친절하게 분석하기

**대화에 쓰인 문법 해설을 알아보아요!**

● 상1, 하1단동사 ~ない

상1단, 하1단동사의 부정형은 앞서 배운 ます가 접속될 때와 마찬가지로 어미 る가 탈락되고 부정어 ない가 접속된다. ない는 본래 없다라는 뜻의 형용사이지만, 이처럼 다른 말에 접속되어 쓰일때는 아니다라는 뜻으로 부정을 나타낸다.

|  | 기본형 | 의미 | ~ます | ~ない |
|---|---|---|---|---|
| 상1단 | 見(み)る<br>起(お)きる | 보다<br>일어나다 | 見(み)ます<br>起(お)きます | 見(み)ない<br>起(お)きない |
| 하1단 | 寝(ね)る<br>食(た)べる | 자다<br>먹다 | 寝(ね)ます<br>食(た)べます | 寝(ね)ない<br>食(た)べない |

**일본에서는 이런 표기법을 써요!**

● ない / いない

무생물의 존재를 나타내는 ある의 부정어는 ない이고, 생물의 존재를 나타내는 いる의 부정어는 상1단활용을 하여 いない가 된다.

핵심
단어

- スパゲッティ 스파게티    • ピザ 피자    • 不味(まず)い 맛없다
- うん 응    • ~よ ~요

표현 더하기

かのじょ　　　　　いま
彼女は 今 ソウルに いない。

카노죠와 이마 소우루니 이나이

그녀는 지금 서울에 **없다.**

233

## UNIT 74

# ううん、行かない。

응-, 안 갈래

**美術館へ行く。** 미술관 갈래?

비쥬츠캉에 이쿠

**うん、行くよ。** 응, 갈래.

웅, 이쿠요

**美術館へ行く。** 도서관 갈래?

도쇼캉에 이쿠

**ううん、席がないから行かないよ。** 응-, 자리가 없으니까 가지 않을래.

우웅, 세키가 나이카라 이카나이요

234

## 일본 회화 문법을 자세하고 친절하게 분석하기

### 대화에 쓰인 문법 해설을 알아보아요!

● ~か·が·さない

어미가 く·ぐ·す인 5단동사의 부정형은 あ단 か, が, さ로 바뀌어 부정을 나타내는 ない를 접속한다.

|  | 기본형 | 의미 | ~ない |
|---|---|---|---|
| ~く | 書(か)く | 쓰다 | 書(か)かない |
| ~ぐ | 泳(およ)ぐ | 헤엄치다 | 泳(およ)がない |
| ~す | 話(はな)し | 이야기하다 | 話(はな)さない |

### 일본에서는 이런 표기법을 써요!

● ~ないです

동사의 부정형에 단정을 나타내는 です를 접속하면 ~ません과 같은 의미가 된다. 즉 ない가 형용사 활용을 하기 때문이다.

핵심
단어

- 美術館(びじゅつかん) 미술관
- 図書館(としょかん) 도서관
- 行(い)く 가다
- 席(せき) 자리, 좌석

표현 더하기

## あなたは 今日(きょう)も 会社(かいしゃ)へ 行(い)かないですか。

아나타와 쿄-모 카이샤에 이카나이데스까

**당신은 오늘도 회사에 가지 않습니까?**

# 高いから、買わない。

## 비싸니까, 안 살래

**扇風機、買う。** 선풍기 살래?

셈뿌-키, 카우

**うん、買うよ。** 응, 살래.

웅, 카우요

**エアコン、、どう。** 에어컨 어때?

에아콘, 도-

**ううん、高いから買わないよ。** 응-, 비싸니까 안 살래.

우웅, 타카이카라 카와나이요

扇風機、買う。

うん、買うよ。

## 일본 회화 문법을 자세하고 친절하게 분석하기

### 대화에 쓰인 문법 해설을 알아보아요!

● ~た・ら・わない

5단동사의 어미가 つ・る・う로 끝나는 5단동사의 부정형은 각각 あ단인 た・ら・わ로 바뀌고 부정어 ない가 접속한다. 단, 어미가 う인 경우는 ~あない가 아니라 ~わない로 활용하므로 주의해야 한다.

|  | 기본형 | 의미 | ~ない |
|---|---|---|---|
| ~つ | 待(ま)つ | 기다리다 | 待(ま)たない |
| ~る | 乗(の)る | 타다 | 乗(の)らない |
| ~う | 言(い)う | 말하다 | 言(い)わない |

### 일본에서는 이런 표기법을 써요!

● ~ない + 체언

동사의 부정형은 형용사의 연체형과 마찬가지로 ~ない 상태로 뒤의 체언을 수식한다.

핵심
단어

- 扇風機(せんぷうき) 선풍기
- エアコン 에어컨
- 買(か)う 사다
- 高(たか)い 비싸다

표현 더하기

## この スーパーでは 買(か)わない つもりです。

코노 스-빠-데와 카와나이 츠모리데스

이 슈퍼에서는 사지 않을 생각입니다.

## UNIT 76

# 渋いから飲まない。

떫으니까 안 마실래

---

 **コーヒー、飲む。** 커피 마실래?

코-히-, 노무

 **うん、飲むよ。** 응,마실래.

웅, 노무요

 **紅茶、飲む。** 홍차 마실래?

코-챠, 노무

 **ううん、渋いから飲まないよ。** 응-,떫으니까 안 마실래.

우웅, 시부이카라 노마나이요

コーヒー、飲む。

うん、飲むよ。

## 일본 회화 문법을 자세하고 친절하게 분석하기

### 대화에 쓰인 문법 해설을 알아보아요!

● ~ま・ば・なない

5단동사의 어미가 む·ぶ·ぬ인 부정형은 각각 あ단인 ま·ば·な에 부정어인 ない가 접속한다.

|  | 기본형 | 의미 | ~ない |
|---|---|---|---|
| ~む | 飲(の)む | 마시다 | 飲(の)まない |
| ~ぶ | 呼(よ)ぶ | 부르다 | 呼(よ)ばない |
| ~ぬ | 死(し)ぬ | 죽다 | 死(し)なない |

### 일본에서는 이런 표기법을 써요!

● ~から

から는 체언에 접속하면 ~부터, 에서의 뜻으로 출발점을 나타내지만 용언(활용어)에 접속하면 ~니까, ~때문에 처럼 원인이나 이유를 나타낸다.

핵심
단어

- コーヒー 커피
- 紅茶(こうちゃ) 홍차
- 飲(の)む 마시다
- 渋(しぶ)い 떫다

표현 더하기

健康(けんこう)に 悪(わる)いから これから 酒(さけ)は 飲(の)まない。

켄코니 와루이카라 코레카라 사케와 노마나이

건강에 나쁘니까 이제부터 술은 마시지 않겠다.

# あまりしないよ。
## 별로 안 해

 水泳する。 <small>すいえい</small> 수영 하니?
스이에이 스루

 うん、するよ。 응.해.
웅, 스루요

 サッカー、する。 축구 하니?
삿카ー, 스루

 ううん、あまりしないよ。 응,별로 안해.
우웅, 아마리 시나이요

水泳する。

うん、するよ。

# 일본 회화 문법을 자세하고 친절하게 분석하기

## 대화에 쓰인 문법 해설을 알아보아요!

● こない / しない

변격동사 くる 오다와 する 하다의 부정형은 어간이 こ와 し로 각각 변하여 부정어 ない가 접속한다. 이처럼 일정한
규칙이 없으므로 그때그때 암기해 두어야 한다.

|  | 기본형 | 의미 | ~ます | ~ない |
|---|---|---|---|---|
| カ変 | 来(く)る | 오다 | きます 옵니다 | こない |
| サ変 | する | 하다 | します 하겠습니다 | しない |

## 일본에서는 이런 표기법을 써요!

● 부정의지

동사의 부정형은 단순한 부정만을 나타내지 않고 ~지 않겠다의 뜻으로 말하는 사람의 의지를 나타내기도 한다.

핵심
단어

- 水泳(すいえい) 수영
- あまり 그다지, 별로
- しない 하지 않다
- サッカー 축구

표현 더하기

彼は 今日 ここに 来ないかも しれません。
かれ きょう こ

카레와 쿄- 코코니 코나이카모 시레마셍

그는 오늘 여기에 오지 않을 지도 모릅니다.

はし
# 走らないでください。

## 달리지 마세요

いそ　　　　　　　　　　　じゅぎょう　　はじ
# 急いでください。授業が始まりますよ。

이소이데 쿠다사이. 쥬교-가 하지마리마스요

서둘러 주세요. 수업이 시작되겠어요.

いま　い
# はい、今行きます。

하이, 이마 이키마스

네,지금 가겠습니다.

　　　　　　ろうか　　　　　はし
# あっ、でも廊下では走らないでください。

앗, 데모 로-카데와 하시라나이데 쿠다사이

앗,하지만 복도에서는 달리지 마세요.

# 일본 회화 문법을 자세하고 친절하게 분석하기

## 대화에 쓰인 문법 해설을 알아보아요!

● ~ないで

다른 동작이나 상태에 이어질 때 주로 쓰이는 말로 ~하지 말고, ~하지 않고의 뜻을 나타낸다.

● ~ないで ください

동사의 부정형에 ~で ください가 접속하면, 하지 마세요의 뜻으로 동작금지의 요구나 의뢰, 명령을 나타낸다.

## 일본에서는 이런 표기법을 써요!

● ~なくて

부정형에 접속조사 て가 이어진 형태로, ~なくで와는 달리 ~하지 않아서의 뜻으로 원인이나 이유를 나타낸다.

예 水(みず)が出(で)なくて困(こま)る。  물이 나오지 않아서 곤란하다.

핵심 단어

- 急(いそ)ぐ 서두르다
- 始(はじ)まる 시작되다
- 走(はし)る 달리다
- 授業(じゅぎょう) 수업
- 廊下(ろうか) 복도

표현 더하기

この 絵(え)に 手(て)を 触(ふ)れないでください。

코노 에니 테오 후레나이데 쿠다사이

이 그림에 손을 대지 마세요.

吉村さんはなかなか背広を着ない。着(き)る
요시무라 씨는 좀처럼 양복을 입지 않는다.

僕はニュースを見ない日もあります。見(み)る
나는 뉴스를 보지 않는 날도 있습니다.

ここでは日本語を教えないです。教(おし)える
여기에서는 일본어를 가르치지 않습니다.

今日は学校へ行かない。行(い)く
오늘은 학교에 가지 않는다.

彼はお金を稼がないで遊んでいる。稼(かせ)ぐ
그는 돈을 벌지 않고 놀고 있다.

どうしてあなたはレポートを出さないのですか。出(だ)す
왜 당신은 리포트를 내지 않습니까?

彼は待たないで行ってしまいました。待(ま)つ
그는 기다리지 않고 가 버렸습니다.

雨が全然降らない地域もある。降(ふ)る
비가 전혀 내리지 않는 지역도 있다.

これから絶対かれに会わないです。会(あ)う
이제부터 절대로 그를 만나지 않겠습니다.

244

けんこう　　　　　　　　さけ　　　　の
健康のためお酒は飲まない。 飲(の)む

건강을 위해 술은 마시지 않는다.

と　　　　　　　　とり
飛ばない鳥もいろいろあります。 飛(と)ぶ

날지 않는 새도 여러 가지 있습니다.

よ　なか　　し　　　　い　もの
世の中に死なない生き物はありません。 死(し)ぬ

세상에 죽지 않는 생물은 없습니다.

かのじょ
彼女はここにこないかもしれません。 来(く)る

그녀는 여기에 오지 않을 지도 모릅니다.

かれ　　かいしゃ　　　　　　　　ひ
彼は会社にこない日もあります。 来(く)る

그는 회사에 오지 않는 날도 있습니다.

かえ　　　　べんきょう
うちに帰って勉強をしないですか。 する

집에 가서 공부를 하지 않습니까?

さけ　　の
これからお酒を飲まないでください。 飲(の)む

이제부터 술을 마시지 마세요.

わる
悪いことをしないでください。 する

나쁜 짓을 하지 마세요.

かた　　　　　　　た
固いものは食べないでください。 食(た)べる

딱딱한 것은 먹지 마세요.

1. 알맞은 단어 끼리 연결 하세요.

授業(じゅぎょう)     •                    • 에어컨

あまり              •                    • 도서관

水泳(すいえい)       •                    • 그다지, 별로

エアコン            •                    • 수영

図書館(としょかん)   •                    • 수업

2. 보기에서 단어를 골라 적당한 형태로 바꾸어 일본어 문장을 완성해 보세요.

> **보기**   行(い)く     飲(の)む     買(か)う     来(く)る     見(み)る

- 나는 뉴스를 보지 않는 날도 있습니다.

  僕(ぼく)はニュースを_____日(ひ)もあります。

- 오늘은 학교에 가지 않는다.

  今日(きょう)は学校(がっこう)へ_____。

- 비싸니까 안 살래.

  高(たか)いから_____よ。

246

# STEP 14

## UNIT 79-84

## UNIT 79 | ラーメン、食べた。
### 라면, 먹었니?

 ラーメン、食べた。 라면 먹었니?
라-멩, 타베따

 うん、食べたよ。 응, 먹었어.
웅, 타베타요

 そば、食べた。 메밀국수 먹었니?
소바, 타베따

 ううん、食べなかったよ。 응, 먹지 않았어.
우웅, 타베나캇타요

## 일본 회화 문법을 자세하고 친절하게 분석하기

### 대화에 쓰인 문법 해설을 알아보아요!

● 상1단, 하1단동사 ~た

상1단, 하1단동사에 동작이나 작용의 과거·완료를 나타내는 조동사 た가 이어질 때는, 앞서 배운 ます나 접속조사 て가 이어질 때와 마찬가지로 어미 る가 탈락된다.

| | 기본형 | 의미 | ~て | ~た |
|---|---|---|---|---|
| 상1단 | 見(み)る<br>起(お)きる | 보다<br>일어나다 | 見(み)て<br>起(お)きて | 見(み)た<br>起(お)きた |
| 하1단 | 寝(ね)る<br>食(た)べる | 자다<br>먹다 | 寝(ね)て<br>食(た)べて | 寝(ね)た<br>食(た)べた |

### 일본에서는 이런 표기법을 써요!

● ~なかった

동사의 부정형 ない는 형용사의 과거형과 마찬가지로 어미 い가 かっ으로 변하고 과거·완료를 나타내는 た가 접속된다.

**핵심 단어**

- ラーメン 라면
- そば 메밀국수
- 食(た)べる 먹다
- 食(た)べなかった 먹지 않는다

**표현 더하기**

きのう 映画館(えいがかん)で 友達(ともだち)と 映画(えいが)を 見(み)た。

키노- 에이가깐데 토모다치토 에이가오 미따

어제 영화관에서 친구와 영화를 보았다.

# 外国へ行ったことがありますか。
がいこく　い

### 외국에 간 적이 있습니까?

---

**外国へ行ったことがありますか。** 외국에 간 적이 있습니까?
がいこく　い

가이코쿠에 잇타 코토가 아리마스까

**はい、アメリカへ行ったことがあります。**
い

하이, 아메리카에 잇타 코토가 아리마스

네, 미국에 간 적이 있습니다.

**韓国へは。** 한국에는?
かんこく

캉코쿠에와

**韓国へはまだです。** 한국은 아직입니다.
かんこく

캉코쿠에와 마다데스

# 일본 회화 문법을 자세하고 친절하게 분석하기

## 대화에 쓰인 문법 해설을 알아보아요!

● ~く・ぐ・す인 5단동사

접속조사 て가 이어질 때와 마찬가지로, 어미가 く・ぐ인 5단동사는 い로 바뀌어 과거・완료를 나타내는 조동사 た가 이어진다. 단, ぐ로 끝나는 5단동사는 어미음(音)의 영향을 받아 조동사 た가 だ로 탁음화 된다. 이것을 イ음편(イ音便)이라고 한다. 그러나 어미가 す인 경우는 음편을 하지 않고 ます가 접속할 때와 동일하다.

|  | 기본형 | ~て | ~た |
|---|---|---|---|
| ~く | 書(が)く 쓰다 | 書(が)いて | 書(が)いた |
| ~ぐ | 泳(およ)ぐ 헤엄치다 | 泳(およ)いで | 泳(およ)いだ |
| ~す | 話(はな)す 이야기하다 | 話(はな)して | 話(はな)した |

## 일본에서는 이런 표기법을 써요!

● 行った ことが ある

行く는 예외적으로 イ音便을 하지 않고 촉음편(促音便)을 한다. 또한 동사의 과거형에 ことが ある가 접속하면 과거의 경험을 나타낸다.

핵심
단어

- 外国(がいこく) 외국
- 韓国(かんこく) 한국
- まだ 아직
- アメリカ 미국
- ~たことがある ~한 적이 있다

표현 더하기

彼女(かのじょ)と 一緒(いっしょ)に レポートを 書(か)いた ことが あります。

카노죠토 잇쇼니 레뽀-토오 카이타 코토가 아리마스

그녀와 함께 리포트를 쓴 적이 있습니다.

251

## UNIT 81

# 乗ったことがありません。
### 탄 적이 없습니다

### 海でヨットに乗ったことがありますか。
우미데 욧토니 놋타 코토가 아리마스까
바다에서 요트를 탄 적이 있습니까?

### いいえ、乗ったことがありません。 아니오,탄 적이 없습니다.
이-에, 놋타 코토가 아리마셍

### では、ボートに乗ったことがありますか。
데와, 보-토니 놋타 코토가 아리마스까
그럼,보트를 탄 적이 있습니까?

### はい、湖で乗ったことがあります。 네,호수에서 탄 적이 있습니다.
하이, 미즈우미데 놋타 코토가 아리마스

ボートに
乗ったことが
ありますか。

はい、
湖で乗ったこと
があります。

## 일본 회화 문법을 자세하고 친절하게 분석하기

### 대화에 쓰인 문법 해설을 알아보아요!

● ~つ・る・う인 5단동사

어미가 つ・る・う인 5단동사에 과거·완료의 조동사 た가 이어지면, 어미가 촉음인 っ로 바뀐다. 이것을 촉음편(促音便)이라고 하며, 접속조사 て가 이어질 때와 동일하다.

|  | 기본형 | ~て | ~た |
|---|---|---|---|
| ~つ | 待(ま)つ 기다리다 | 待(ま)って | 待(ま)った |
| ~る | 乗(の)る 타다 | 乗(の)って | 乗(の)った |
| ~う | 言(い)う 말하다 | 言(い)って | 言(い)った |

### 일본에서는 이런 표기법을 써요!

● ~に 乗る / 会う

우리말에서는 ~을(를) 타다/만나다라고 말하지만, 일본어에서는 조사 を를 쓰지 않고 に를 써서 표현한다.

핵심 단어

- 海(うみ) 바다
- ボート 보트
- ~たことがない ~한 적이 없다
- ヨット 요트
- 湖(みずうみ) 호수
- 乗(の)る 타다

표현 더하기

吉村(よしむら)さんに 一度(いちど)も 会(あ)った ことが ありません。

요시무라상니 이치도모 앗타 코토가 아리마셍

요시무라 씨를 한번도 **만난 적이 없습니다**.

## UNIT 82

### 薬を飲んだ方がいいですよ。

약을 먹는게 좋겠어요

 まあ、ひどい風邪ですね。 정말 심한 감기군요.

마-, 히도이 카제데스네

もう病院には行きましたか。 병원에는 갔습니까?

모- 뵤-인니와 이키마시타까

 いいえ、まだです。 아니오, 아직입니다.

이-에, 마다데스

 早く薬を飲んだ方がいいですよ。 빨리 약을 먹는 게 좋겠군요.

하야쿠 쿠스리오 논다 호-가 이-데스요

## 일본 회화 문법을 자세하고 친절하게 분석하기

### 대화에 쓰인 문법 해설을 알아보아요!

● ~む・ぶ・ぬ인 5단동사

어미가 む・ぶ・ぬ인 5단동사에 과거・완료의 조동사 た가 이어지면, 어미가 하네루음(はねる音)인 ん으로 바뀌
며, た는 ん의 영향을 받아 だ로 탁음화 된다. 이것을 문법에서는 발음편(撥音便)이라고 한다. 접속조사 て가 이어질
때와 동일하다.

| | 기본형 | ~て | ~た |
|---|---|---|---|
| ~む | 飲(の)む 마시다 | 飲(の)んで | 飲(の)んだ |
| ~ぶ | 呼(よ)ぶ 부르다 | 呼(よ)んで | 呼(よ)んだ |
| ~ぬ | 死(し)ぬ 죽다 | 死(し)んで | 死(し)んだ |

### 일본에서는 이런 표기법을 써요!

● ~た ほうが いい

동사의 과거형에 ほうがいい가 접속하면 그렇게 하는 것이 좋겠다라는 뜻으로 권유표현이 된다.

핵심
단어

- ひどい 심하다
- 早(はや)く 빨리, 일찍
- 風邪(かぜ) 감기
- 薬(くすり) 약
- 病院(びょういん) 병원

표현 더하기

この 荷物(にもつ)は 早(はや)く 運(はこ)んだ 方(ほう)が いいですね。

코노 니모츠와 하야쿠 하콘다 호-가 이-데스네

이 짐은 빨리 옮기는게 좋겠군요.

# UNIT 83

## 日本へ来たばかりです。
**일본에 지금 막 왔습니다**

 **あの、すみません。韓国の方ですか。**

아노, 스미마셍 캉코쿠노 카타데스까

저, 미안합니다. 한국 분이십니까?

 **はい、韓国から来ました。** 네, 한국에서 왔습니다.

하이, 캉코쿠카라 키마시따

 **日本語は分かりますか。** 일본어는 압니까?

니홍고와 와카리마스까

 **いいえ、まだ日本へ来たばかりで、よく分かりません。**

이-에, 마다 니홍에 키타바카리데, 요쿠 와카리마셍

아니오, 일본에 막 와서 아직 잘 모릅니다.

## 일본 회화 문법을 자세하고 친절하게 분석하기

**대화에 쓰인 문법 해설을 알아보아요!**

● 변격동사의 접속형

변격동사 くる와 する는 접속조사 て가 이어질 때와 마찬가지로 음편(音便)을 하지 않고, 어간이 き와 し로 변하여 과거·완료를 나타내는 た가 이어진다.

|  | 기본형 | ~ます | ~て | ~た |
|---|---|---|---|---|
| カ変<br>サ変 | 来(く)る 오다<br>する 하다 | きます<br>します | きて<br>して | きた<br>した |

**일본에서는 이런 표기법을 써요!**

● ~たばかりだ

동사의 과거형에 ばかりだ가 접속하면 동작이 끝난 지 얼마 되지 않았음을 나타낸다.

핵심
단어

- 韓国(かんこく) 한국    - 来(く)る 오다    - ~たばかりだ 막 ~하다
- 方(かた) 분    - よく 잘    - 分(わ)かる 알다

표현 더하기

あなたは 海外旅行(かいがいりょこう)を した ことが ありますか。

아나타와 카이가이료코-오 시타 코토가 아리마스까

당신은 해외여행을 한 적이 있습니까?

## UNIT 84

# 海へ行ったり、山へ行ったりする。
**바다에 가거나 산에 가거나 합니다**

 **日曜日は何をしますか。** 일요일에 무엇을 합니까?

니치요-비와 나니오 시마스까

 **散歩をしたり、本を読んだりします。** 산책을 하거나 책을 읽거나 합니다.

산뽀오 시타리, 홍오 욘다리 시마스

 **暇な時は何をしますか。** 한가한 때는 무엇을 합니까?

히마나 토키와 나니오 시마스까

 **海へ行ったり、山へ行ったりします。** 바다에 가거나 산에 가거나 합니다.

우미에 잇타리, 야마에 잇타리 시마스

## 일본 회화 문법을 자세하고 친절하게 분석하기

**대화에 쓰인 문법 해설을 알아보아요!**

● ~たり、たり する

たり는 여러 가지 동작이나 상태를 나열할 때 쓰이는 접속조사로 동사에 접속할 때는 앞서 배운 과거·완료를 나타내는 조동사 た나 접속조사 て가 이어질 때와 동일하다. 주로 ~たり, ~たり する의 형태로 ~하기도 하고(하거나), ~하기도(하거나) 한다의 뜻을 나타낸다.

| 상1<br>하1 | 起(お)きる 일어나다<br>食(た)べる 먹다 | 起(お)きて<br>食(た)べて | 起(お)きた<br>食(た)べた | 起(お)きたり<br>食(た)べたり |
|---|---|---|---|---|
| 5단동사 | 買(か)う 사다<br>飲(の)む 마시다 | 買(か)って<br>飲(の)んで | 買(か)った<br>飲(の)んだ | 買(か)ったり<br>飲(の)んだり |
| 변격동사 | くる 오다<br>する 하다 | きて<br>して | きた<br>した | きたり<br>したり |

**일본에서는 이런 표기법을 써요!**

● ~行ったり、来たり

우리말에서는 왔다갔다 한다라고 하지만 일본어에서는 그 반대로 行ったり, 来たり라고 한다.

핵심
단어

- 日曜日(にちようび) 일요일   ● 時(とき) 때   ● 山(やま) 산
- 暇(ひま)な 한가한   ● 散歩(さんぽ) 산책   ● 海(うみ) 바다

표현 더하기

# ピアノを 弾(ひ)いたり 歌(うた)を 歌(うた)ったりする。

피아노오 히이타리 우타오 웃탓타리 스루

**피아노를 치기도 하고 노래를 부르기도 한다.**

今日は朝六時に起きた。 起(お)きる

오늘은 아침 6시에 일어났다.

これは昨日見た服と同じです。 み(見)る

이것은 어제 본 옷과 같습니다.

眼鏡を掛けた人はやまぐちさんです。 掛(か)る

안경을 쓴 사람이 야마구찌 씨입니다.

この道は幼い刻よく歩いた。 歩(ある)く

이 길은 어릴 때 자주 걸었다.

この海で泳いだことがありますか。 泳(およ)ぐ

이 바다에서 헤엄친 적이 있습니까?

君が話したことは全然分からない。 話(はな)す

네가 이야기한 것은 전혀 모르겠다.

父が亡くなってもう10年が経った。 経(た)つ

아버지가 돌아가시고 벌써 10년이 지났다.

君は飛行機に乗ったことがある。 乗(の)る

너는 비행기를 탄 적이 있니?

母とデパートに行って時計を買った。 買(か)う

어머니와 백화점에 가서 시계를 샀다.

## ● ~む・ぶ・ぬ(~んだ) ~했다

熱<sup>ねつ</sup>があるから休<sup>やす</sup>んだほうがいい。 休(やす)む

열이 있으니까 쉬는 게 좋겠다.

公園<sup>こうえん</sup>へ行<sup>い</sup>って友達<sup>ともだち</sup>と遊<sup>あそ</sup>んだ。 遊(あそ)ぶ

공원에 가서 친구와 놀았다.

事故<sup>じこ</sup>で死<sup>し</sup>んだ人<sup>ひと</sup>が100人<sup>ひと</sup>を超<sup>こ</sup>える。 死(し)ぬ

사고로 죽은 사람이 100명을 넘는다.

## ● 변격동사와 과거형

東京<sup>とうきょう</sup>から友人<sup>ゆうじん</sup>の木村<sup>きむら</sup>がきた。 来(く)る

도쿄에서 친구인 기무라가 왔다.

毎朝少<sup>まいあさすこ</sup>しずつ運動<sup>うんどう</sup>をした。 する

매일 아침 조금씩 운동을 했다.

さっきここにきた人<sup>ひと</sup>は誰<sup>だれ</sup>ですか。 来(く)る

아까 여기에 온 사람은 누굽니까?

## ● ~たり~たりする ~하기도 하고 ~하기도 한다

本<sup>ほん</sup>を読<sup>よ</sup>んだり、漫画<sup>まんが</sup>を読<sup>よ</sup>んだりする。

책을 읽기도 하고 만화를 보기도 한다.

お茶<sup>ちゃ</sup>を飲<sup>の</sup>んだり、音楽<sup>おんがく</sup>を聞<sup>き</sup>いたりします。

차를 마시거나 음악을 듣거나 합니다.

日本<sup>にほん</sup>に行<sup>い</sup>ったり来<sup>き</sup>たりします。

일본에 왔다갔다 합니다.

## 앞에서 배운 내용 다시 확인하기

1. 다음 동사를 과거 · 완료형으로 바꾸어 보세요.

- 見(み)る    _____
- 書(が)く    _____

- 起(お)きる    _____
- 話(はな)す    _____

- 寝(ね)る    _____
- 待(ま)つ    _____

- 食(た)べる    _____
- 乗(の)る    _____

- 言(い)う    _____
- 飲(の)む    _____

2. 주어진 단어를 이용하여 일본어 문장을 완성해 보세요.

- 어머니와 백화점에 가서 시계를 샀다.

  母(はは)とデパートに行(い)って時計(とけい)を _____ 。 買(か)う

- 공원에 가서 친구와 놀았다.

  公園(こうえん)へ行(い)って友達(ともだち)と _____ 。 遊(あそ)ぶ

- 매일 아침 조금씩 운동을 했다.

  毎朝(まいあさ)少(すこ)しずつ運動(うんどう)を _____ 。 する

262

# STEP 15

## UNIT 85-90

# 薄くて面白い。
**얇고 재미있다**

何の本を見ていますか。 무슨 책을 보고 있습니까?

난노 홍오 미테 이마스까

ええ、雑誌を見ています。 예, 잡지를 보고 있습니다.

에-, 잣시오 미테 이마스

面白いですか。 재미있습니까?

오모시로이데스까

ええ、薄くて面白い雑誌です。 예, 얇고 재미있는 잡지입니다.

에-, 우스쿠테 오모시로이 잣시데스

## 일본 회화 문법을 자세하고 친절하게 분석하기

### 대화에 쓰인 문법 해설을 알아보아요!

● 형용사 + くて

앞의 형용사와 뒤의 문장을 연결할 때는 나열 또는 원인·이유를 나타내는 접속조사 て를 접속하여 표현한다. 형용사에 접속조사 て가 이어질 때는 어미 い가 く로 바뀌어 くて의 형태를 취한다. 형용사에 이어지는 접속조사 て는 ❶ 계속해서 일어나는 상태를 나타내기도 하고, ❷ 원인이나 이유를 나타내기도 한다.

예 あそこは景色<sup>けしき</sup>もよくて、食<sup>た</sup>べ物<sup>もの</sup>も旨<sup>うま</sup>い。　저기는 경치도 좋고 음식도 맛있다.

お金<sup>かね</sup>がなくて買<sup>か</sup>いませんでした。　돈이 없어서 사지 않았습니다.

### 일본에서는 이런 표기법을 써요!

● よい / いい

일본어에는 우리말의 좋다에 해당하는 형용사가 よい와 いい가 있다. 활용에 있어 부정형이나 접속형에는 いい는 쓰이지 않는다.

핵심
단어

• 見(み)る 보다　• 面白(おもしろ)い 재미있다　• 雑誌(ざっし) 잡지
• 薄(うす)い 얇다

표현 더하기

この 店<sup>みせ</sup>は 安<sup>やす</sup>くて、品質<sup>ひんしつ</sup>も いいです。

코노 미세와 야스쿠테, 힌시츠모 이-데스

이 가게는 싸고 품질도 좋습니다.

# UNIT 86

## 派手で新しい車です。
### 화려하고 새로운 차입니다

**車を持っていますか。** 차를 가지고 있습니까?

쿠루마오 못테 이마스까

**はい、今度車を買いました。** 네, 이번에 차를 샀습니다.

하이, 콘도 쿠루마오 카이마시따

**どんな車ですか。** 어떤 차입니까?

돈나 쿠루마데스까

**派手で新しい車です。** 화려하고 새로운 차입니다.

하데데 아타라시이 쿠루마데스

## 일본 회화 문법을 자세하고 친절하게 분석하기

### 대화에 쓰인 문법 해설을 알아보아요!

● 형용동사 + で

앞의 형용동사와 뒤의 문장을 연결할 때는 형용동사의 어미인 だ를 で로 바꾼다. 이 때 で의 용법은 형용사의 ~くて와 마찬가지로 ❶ 앞 · 뒤의 것을 나열하거나 ❷ 원인 · 이유를 나타내기도 한다.

❶ ここは静かで景色もいいです。　여기는 조용하고 경치도 좋습니다.

❷ ここは交通が不便で家賃が安い。　여기는 교통이 불편해서 집세가 싸다.

### 일본에서는 이런 표기법을 써요!

● 気(き)に 入(い)る

마음에 들다라는 표현으로 마음에 들지 않다라고 할 때는 気に 入らない 또는 気にくわない라고 한다.

핵심
단어

- 車(くるま) 차    - 持(も)つ 가지다, 들다    - 新(あたら)しい 새롭다
- 派手(はで)だ 화려하다    - 今度(こんど) 이번, 금번    - どんな 어떤

표현 더하기

### この 服は あまり 派手で 気に 入りません。

코노 후쿠와 아마리 하테데 키니 이리마셍

이 옷은 너무 화려해서 마음에 들지 않습니다.

# UNIT 87

## あまり難しくないよ。
### 별로 어렵지 않아

このコンピューター、お前の。 이 컴퓨터, 네 것이니?

코노 콤퓨-타, 오마에노

うん、そう。 응, 그래.

웅, 소-

難しい。 어렵니?

무즈카시이

ううん、あまり難しくないよ。 음, 별로 어렵지 않아.

우웅, 아마리 무즈카시쿠나이요

268

## 대화에 쓰인 문법 해설을 알아보아요!

● 형용사 + くない

형용사의 부정형은 어미 い가 く로 바뀌어 부정어 ない가 접속한 ~くない의 형태를 취한다. 앞서 배운 ~くありませ
ん은 정중한 표현으로 뒤의 체언을 수식할 수 없지만, 부정형 ~くない는 체언을 수식할 수 있다. 또한 ~くない에 정
중한 단정을 나타내는 です를 접속하면, ~くありません과 같은 의미가 된다.

예 家<sub>いえ</sub>は駅<sub>えき</sub>からあまり遠<sub>とお</sub>くない / です。 집은 역에서 그다지 멀지 않다 / 않습니다.

良<sub>よ</sub>くない物<sub>もの</sub>はすべて捨<sub>す</sub>ててください。 좋지 않은 것은 모두 버리세요.

## 일본에서는 이런 표기법을 써요!

● ~くは / もない ~지는 / 도 않다

형용사의 부정형 く와 ない 사이에 강조를 나타내는 조사 は(은 / 는)와 も(도)를 삽입하여 쓰기도 한다.

- **コンピューター** 컴퓨터
- **難(むずか)しい** 어렵다
- **お前(まえ)** 너, 자네
- **~くない** ~지 않다

표현 더하기

僕<sub>ぼく</sub>は あまり 面白<sub>おもしろ</sub>くない 本<sub>ほん</sub>は 読<sub>よ</sub>まない。

보쿠와 아마리 오모시로쿠나이 홍와 요마나이

나는 별로 재미없는 책은 읽지 않는다.

# あまり有名じゃないよ。
### 별로 유명하지 않아

## このお寺、有名なの。 이 절, 유명하니?
코노 오테라, 유-메이나노

## ううん、あまり有名じゃないよ。 음-, 별로 유명하지 않아.
우웅, 아마리 유-메이쟈나이요

## ずいぶん静かね。 상당히 조용하지.
즈이붕 시즈까네

## そうだね。 그렇군.
소-다네

## 대화에 쓰인 문법 해설을 알아보아요!

● 형용동사 + でない

형용동사의 부정형은 어미 だ를 で로 바꾸고 부정어 ない를 접속한 ~でない의 형태를 취한다. 보통 조사 は를 삽입하여 ~ではない의 꼴로 회화체에서는 줄여서 ~じゃない라고 한다. 또한, 정중하게 할 때는 ~でな ありません으로 표현하기도 하며, ~では ない에 단정을 나타내는 です를 접속하기도 한다.

예 この公園(こうえん)はあんまり奇麗(きれい)では(じゃ)ない / です. 이 공원은 그다지 깨끗하지 않다 / 않습니다.

彼(かれ)はあまり有名(ゆうめい)で(は)ない歌手(かしゅ)です. 그는 별로 유명하지 않은 가수입니다.

## 일본에서는 이런 표기법을 써요!

● 有名なの

の는 소유나 관계를 나타낼 때는 ~의의 뜻이지만, 종조사로 쓰일 때는 가벼운 질문을 나타낸다. 여기서 の가 종조사로 쓰였더라도 준체언으로 보기 때문에 형용동사는 연체형이 된 것이다.

핵심
단어

• お寺(てら) 절　　• 随分(ずいぶん) 상당히, 매우

• 有名(ゆうめい)だ 유명하다　　• 静(しず)かだ 조용하다

표현 더하기

この 商店街(しょうてんがい)は あまり 賑(にぎ)やかでは ない.

코노 쇼-텡가이와 아마리 니기야카데와 나이

이 상가는 별로 붐비지 않는다.

271

# とっても面白かったよ。

**무척 재미있었어**

京都、どうだった。 교토, 어땠어?

쿄-토, 도-닷따

とっても面白かったよ。 무척 재미있었어.

톳테모 오모시로캇타요

寒くなかった。 춥지 않았어?

사무쿠 나캇따

うん、あまり寒くなかったよ。 응, 별로 춥지 않았어.

웅, 암마리 사무쿠 나캇타요

## 일본 회화 문법을 자세하고 친절하게 분석하기

### 대화에 쓰인 문법 해설을 알아보아요!

**● 형용사 + かった**

형용사의 과거형은 어미 い를 かっ으로 바꾸고, 과거·완료를 나타내는 조동사 た를 접속한 ~かった의 형태를 취한다. 형용사의 과거형은 체언을 수식하기도 하며, です를 접속하여 정중하게 표현하기도 한다. 흔히 です의 과거형인 でした를 접속하여 정중한 과거형을 표현하기 쉬우나 이것은 잘못된 것으로, 반드시 과거형에 です를 접속하여 표현하야 한다.

예 去年のソウルはとても寒かった / です。 작년의 서울은 매우 추웠다 / 습니다.

### 일본에서는 이런 표기법을 써요!

**● とっても / あんまり**

とっても는 とても를 강조한 말로 매우 / 무척이라는 뜻이고, あんまり는 あまり의 강조한 말로 그다지, 별로의 뜻이다.

핵심
단어

• 京都(きょうと) 교토  • 寒(さむ)い 춥다  • 面白(おもしろ)い 재미있다
• とっても 매우, 무척  • あんまり 그다지, 별로  • ~くなかった ~지 않았다

표현 더하기

昨日の 試験は 前より ずいぶん 易しかった。

키노-노 시켕와 마에요리 즈이붕 야사시캇따

어제 시험은 전보다 훨씬 쉬웠다.

## UNIT 90

### 親切だったよ。
**친절했어**

### 新しい学校、奇麗だった。 새 학교, 깨끗했어?
아타라시이 각코-, 키레이닷따

### うん、とっても。 응, 무척.
웅, 톳테모

### 先生は。 선생님은?
센세-와

### 親切だったよ。 친절했어.
신세츠닷타요

## 일본 회화 문법을 자세하고 친절하게 분석하기

### 대화에 쓰인 문법 해설을 알아보아요!

● 형용동사 + だった

형용동사의 과거형은 어미 だ가 だっ으로 바뀌어 과거·완료를 나타내는 た가 접속된 ~だった의 형태를 취한다. 정중하게 표현할 때는 です를 쓰며, ~だった에 です를 접속하여 표현하기도 한다. 또한 ~だった의 형태로 뒤의 체언을 수식하기도 한다.

예 昔、あの人は運動選手として有名だった / です。 옛날에 저 사람은 운동선수로서 유명했다 / 했습니다.

これは私に必要だった物です。 이것은 나에게 필요했던 것입니다.

### 일본에서는 이런 표기법을 써요!

● ~だったです

형용동사의 과거형에 です를 접속하면 でした와 같은 뜻이 되며 でした를 쓰는 것이 일반적이다.

예 有名だ 유명하다(기본형)

有名だった 유명했다(과거)

有名だったです = 有名でした 유명했습니다(과거 정중형)

핵심
단어

- **学校(がっこう)** 학교　　 • **先生(せんせい)** 선생님
- **奇麗(きれい)だ** 깨끗하다　 • **親切(しんせつ)だ** 친절하다

표현 더하기

以前は この 辺りの 交通は 不便だった。

이젠와 코노 아타리노 코-츠-와 후벤닷따

이전에는 이 주위의 교통은 불편했다.

275

● **형용사 + くて** ~(하)고, (하)며, (해)서　　　　　　　　　　　　문형연습 ❶

僕<sub>ぼく</sub>の部屋<sub>へや</sub>は狭<sub>せま</sub>くてよくない。狭(せま)い

내 방은 좁아서 좋지 않다.

うちは駅<sub>えき</sub>から近<sub>ちか</sub>くて便利<sub>べんり</sub>です。近(ちか)い

집은 역에서 가까워서 편리합니다.

このアパートは広<sub>ひろ</sub>くて静<sub>しず</sub>しずかです。広(ひろ)い

이 아파트는 넓고 조용합니다.


● **형용동사 + で** ~(하)고, (하)며, (해)서　　　　　　　　　　　문형연습 ❷

あの子<sub>こ</sub>は元気<sub>げんき</sub>でかわいいです。元気(げんき)

저 아이는 건강하고 귀엽습니다.

この服<sub>ふく</sub>は地味<sub>じみ</sub>で気<sub>き</sub>に入<sub>い</sub>ります。地味(じみ)

이 옷은 수수해서 마음에 듭니다.

この付近<sub>ふきん</sub>は静<sub>しず</sub>かで交通<sub>こうつう</sub>も便利<sub>べんり</sub>です。静(しず)か

이 부근은 조용하고 교통도 편리합니다.


● **형용사 + くない** ~(하)지 않다　　　　　　　　　　　　　　문형연습 ❸

今年<sub>ことし</sub>の冬<sub>ふゆ</sub>はあまり寒<sub>さむ</sub>くない。寒(さむ)い

올 겨울은 별로 춥지 않다.

これはあまり苦<sub>にが</sub>くない薬<sub>くすり</sub>です。苦(にが)い

이것은 별로 쓰지 않는 약입니다.

兄<sub>あに</sub>は僕<sub>ぼく</sub>より背<sub>せ</sub>が高<sub>たか</sub>くないです。高(たか)い

형은 나보다 키가 크지 않습니다.

276

この作品はあまり有名ではない。有名(ゆうめい)

이 작품은 별로 유명하지 않다.

金さんは日本語があまり上手ではない。上手(じょうず)

김씨는 일본어를 그다지 잘하지 못한다.

あまり丈夫ではない体。丈夫(じょうぶ)

별로 튼튼하지 않는 몸.

今日の試験は難しかった。難(むずか)しい

오늘 시험은 어려웠다.

昨日のドラマは悲しかったです。悲(かな)しい

어제 드라마는 슬펐습니다.

楽しかった夏休みが終わった。楽(たの)しい

즐거웠던 여름방학이 끝났다.

この川は最近まで奇麗だった。奇麗(きれい)

이 강은 최근까지 깨끗했다.

彼の態度はとても立派だったです。立派(りっぱ)

그의 태도는 매우 훌륭했습니다.

昔ここも不便だった所です。不便(ふべん)

옛날 여기도 불편했던 곳입니다.

## 앞에서 배운 내용 다시 확인하기

1. 다음 단어를 한글은 일본어로, 일본어는 한글로 써 보세요.

- 親切(しんせつ)だ _____
- 재미있다 _____

- 奇麗(きれい)だ _____
- 화려하다 _____

- 難(むずか)しい _____
- 춥다 _____

- 静(しず)かだ _____
- 얇다 _____

2. 다음 해석을 참고하여 알맞은 문장을 고르세요.

- 金(キム)さんは日本語(にほんご)があまり上手(じょうず)_____ 。　김씨는 일본어를 그다지 잘하지 못한다.

  ❶ かった　　❷ だった　　❸ ている　　❹ ではない　　❺ てある

- 今日(きょう)の試験(しけん)は難(むずか)し_____ 。　오늘 시험은 어려웠다.

  ❶ かった　　❷ でいません　❸ くて　　❹ でいません　❺ だった

- この川(がわ)は最近(さいきん)まで奇麗(きれい)_____ 。　이 강은 최근까지 깨끗했다.

  ❶ ながら　　❷ かった　　❸ だった　　❹ たった　　❺ てある

- 今年(ことし)の冬(ふゆ)はあまり寒(さむ)_____ 。　올 겨울은 별로 춥지 않다.

  ❶ かった　　❷ だった　　❸ くて　　❹ くない　　❺ だった

278

# 찐초보 일본어 첫걸음

**1판 1쇄 인쇄** 2025년 1월 1일
**1판 1쇄 발행** 2025년 1월 5일

**엮은이** 일본어교재연구원
**펴낸이** 윤다시
**펴낸곳** 도서출판 예가

**주  소** 서울시 영등포구 영신로 45길 2
**전  화** 02-2633-5462    **팩  스** 02-2633-5463
**이메일** yegabook@hanmail.net    **블로그** https://blog.naver.com/yegabook
**등록번호** 제 8-216호

**ISBN** 978-89-7567-663-5    13730